当会计不出错

周荣肖 编著

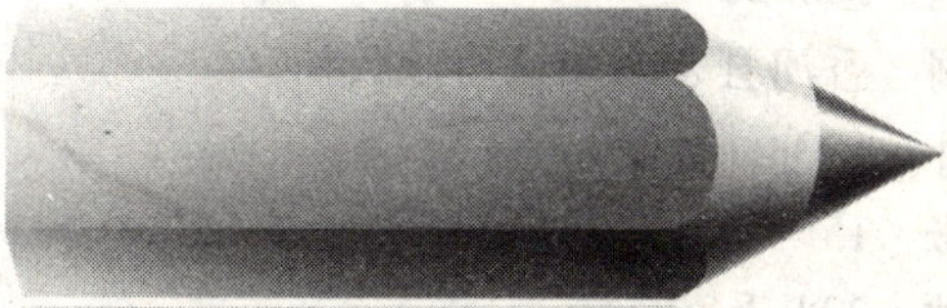

民主与建设出版社

图书在版编目（CIP）数据

当会计不出错／周荣肖编著．—北京：民主与建设出版社，2010.9

ISBN 978－7－5139－0002－7

Ⅰ．①当…　Ⅱ．①周…　Ⅲ．①会计学－基本知识
Ⅳ．①F230

中国版本图书馆 CIP 数据核字（2010）第 179340 号

责任编辑　程　旭
封面设计　李　瑶
出版发行　民主与建设出版社
电　　话　（010）85698040　85698062
社　　址　北京市朝阳区朝外大街吉祥里 208 号
邮　　编　100020
印　　刷　香河县宏润印刷有限公司
成品尺寸　170mm×240mm
印　　张　15
字　　数　224 千字
版　　次　2010 年 11 月第 1 版　2010 年 11 月第 1 次印刷
书　　号　ISBN 978－7－5139－0002－7
定　　价　28.00 元
注：如有印、装质量问题，请与出版社联系。

前 言

现今社会，经济发展迅速，各公司业务变更频繁，会计业务也随之变化。会计业务的变化使得会计新手对此应接不暇，疲于应对，因此会计错误频频发生。“如何才能不出错”，这是会计新手亟待解决的问题。如果处理会计业务经常出错，不仅影响到公司正常的财务运转，还会使会计新手心理蒙上阴影，郁郁不乐，对会计行业失去信心，影响其职业发展。

对会计新人来说，这些忧虑是没有必要的。只要会计新人通过不断地学习，掌握账务处理流程，并不停地积累实践经验，那么处理会计事务就会显得得心应手，游刃有余。

老会计说：“当会计不犯错需要不断积累经验，只有错了才记得准”，但积累经验需要耗费大量的时间。在这个竞争激烈的社会，企业讲求的是效益，不希望由于会计新人的错误而给企业造成损失，那是不是会计新人就无路可走了呢？答案当然不是。他山之石可以攻玉，说的就是会计新人可以利用前人总结的经验，避免自己犯错，使自己尽快胜任会计工作。

本书总结了前人的经验，帮助会计新手理清办公流程，避免账务处理错误。全书共分为7章，一共列举了24个案例，按照建账、记账、对账、结账和报账的业务流程，穿插了具体的会计账务处理，将实际工作中的易错点逐一列举，使出错点无处遁形。本书的另一特点是增加了“难点解析”和“知识链接”两个小栏目，使读者阅读起来一目了然。“难点解析”是对会计实务中遇到的实际问题进行讲解，指出会计人员犯错误的原因，提供正确的解决方法以及其他需要注意的要点。“知识链接”把会计人员在日常工作中遇到的问题作了深度上的延伸，为会计人员补充相关知识，以避免类似错误的发生。

书中实例具体直观，难点解析通俗易懂，知识链接详略得当，是会计新人取得职场成功的助推器。本书在编写过程中参考了大量的财会书籍和财经法规，在此，对这些书籍的作者、法规的制定者表示衷心的感谢。

最后，由于编者时间有限，书中难免会有纰漏之处，敬请广大读者批评指正。

编 者

目 录

第 1 章　万事开头难

——建立新账

实例一：新设企业建账 / 3

1. 账簿设置不出错 / 3

2. 账簿启用不出错 / 3

难点解析 / 3

知识链接 / 4

实例二：老企业新年度建账不出错 / 11

难点解析 / 11

知识链接 / 12

第 2 章　资料整理

——登记账簿

实例三：凭证的填制 / 17

1. 数字书写不出错 / 17

2. 发票审核不出错 / 17

3. 附件处理不出错 / 17

难点解析 / 17

知识链接 / 18

实例四：凭证的传递、装订和保管 / 24
1. 凭证传递不出错 / 24
2. 凭证装订不出错 / 24
3. 凭证保管不出错 / 24
难点解析 / 24
知识链接 / 27
实例五：会计记账 / 32
1. 记账前的准备工作不出错 / 32
2. 记账过程不出错 / 32
3. 记账书写不出错 / 32
难点解析 / 32
知识链接 / 36

第3章 实战演练

——日常业务处理

实例六：库存现金核算 / 41
1. 库存现金收入支出不出错 / 41
2. 库存现金清查处理不出错 / 41
难点解析 / 42
知识链接 / 42
实例七：银行存款和其他货币资金核算不出错 / 48
难点解析 / 48
知识链接 / 49
实例八：应收账款处理 / 53
1. 坏账处理不出错 / 53
2. 应收账款账期计算不出错 / 53
3. 应收账款的管理不出错 / 53

4. 应收账款转让不出错 / 54
难点解析 / 54
知识链接 / 56
实例九：购入材料 / 67
1. 原材料成本确定不出错 / 67
2. 周转材料核算不出错 / 67
3. 原材料暂估入库不出错 / 67
4. 购入材料退货处理不出错 / 67
难点解析 / 68
知识链接 / 70
实例十：存货盘盈和盘亏处理不出错 / 76
难点解析 / 76
知识链接 / 77
实例十一：固定资产和无形资产 / 81
1. 固定资产取得处理不出错 / 81
2. 折旧年限变更处理不出错 / 81
3. 固定资产报废处理不出错 / 81
4. 电脑软件折旧处理不出错 / 81
难点解析 / 82
知识链接 / 83
实例十二：应付职工薪酬 / 92
1. 应付职工薪酬计提不出错 / 92
2. “三险一金”处理不出错 / 92
难点解析 / 92
知识链接 / 94
实例十三：成本费用 / 101
1. 营运成本核算不出错 / 101
2. 原材料费用核算不出错 / 101

3. 废品损失核算不出错 / 101
难点解析 / 101
知识链接 / 103
实例十四：销售业务处理 / 117
1. 收入确认不出错 / 117
2. 销售退回处理不出错 / 117
3. 折扣、折让销售不出错 / 117
4. 商品售价低于成本价核算不出错 / 118
难点解析 / 118
知识链接 / 120
实例十五：期间费用 / 126
业务宣传费和广告费处理不出错 / 126
难点解析 / 126
知识链接 / 128
实例十六：利润核算 / 136
1. 利润确定不出错 / 136
2. 利润分配不出错 / 136
3. 利润补亏核算不出错 / 136
4. 以前年度损益调整不出错 / 137
难点解析 / 137
知识链接 / 140
实例十七：所有者权益核算 / 144
1. 转增资本核算不出错 / 144
2. 公积金核算不出错 / 144
3. 盈余公积补亏不出错 / 144
难点解析 / 145
知识链接 / 147

第 4 章 有来有往

——账目核对

实例十八：银企对账不出错 / 155

难点解析 / 155

知识链接 / 158

实例十九：错账更正不出错 / 166

难点解析 / 166

知识链接 / 167

第 5 章 “家”、“国” 两不误

——涉税会计

实例二十：税务登记及发票管理 / 179

1. 发票填开不出错 / 179
2. 开业税务登记不出错 / 179

难点解析 / 179

知识链接 / 180

实例二十一：涉税会计处理 / 182

1. 出售旧固定资产纳税处理不出错 / 182
2. 进货退回与进货折让涉税处理不出错 / 182
3. 销售退回的所得税会计处理不出错 / 182
4. 包装物押金的涉税处理不出错 / 182

难点解析 / 183

知识链接 / 189

第 6 章　承前启后
——会计结账
实例二十二：期末结账 / 195
1. 结账划线不出错 / 195
2. 不同账户结账不出错 / 195
难点解析 / 195
知识链接 / 197
第 7 章　成果展现
——报账
实例二十三：编制报表 / 211
往来账款填列不出错 / 211
难点解析 / 211
知识链接 / 212
实例二十四：报送报表不出错 / 226
难点解析 / 226
知识链接 / 227

第1章　万事开头难
——建立新账

- 实例一：新设企业建账
- 实例二：老企业新年度建账不出错

实例一：新设企业建账

1. 账簿设置不出错

小张刚毕业，好不容易找了一家单位，但该公司规模较小，而且刚成立不久，以前没有会计，也没有一套像样的账簿，老板说让他先把账建起来。小张不知该从何处下手，连忙向有些经验的同学请教，他的同学说，建账也没什么难的，只要买一本总账，一本现金日记账和一本银行存款日记账就行了。该同学说得对不对？到哪儿去购买账本？是不是必须去当地财政局购买才可以？建账还需要考虑哪些问题？

2. 账簿启用不出错

小张按照他同学说的买了三本账本，但启用账簿时该注意什么，都需要把哪些信息登记在封面和扉页上，据说还要粘贴印花税票，账本上还需要有财政局的监制章，小张一筹莫展。

难点解析

1. 账簿设置

建账是指会计人员根据会计法规、制度的规定，结合企业具体行业要求和将来可能发生的会计业务情况，确定账簿种类、格式、内容及登记方法的过程。这看似是一个非常简单的问题，但从建账过程可以看出一个会计人员的业务能力，或对企业经济活动情况的熟悉程度，所以，如何根据企业情况建账非常重要。建账前应先根据企业的行业特征，具体确定需要设置哪些科目。然后要走访各部门有经验的同事，以熟悉公司的具体业务流程，向领导报告请示，以知晓企业对会计管理的要求等，从而确定账簿的设置。所以，建账并不是简单的买几本账本那么简单。

关于购买账本的地点问题，目前没有强制性的规定，可以就近到财会用品商店或者文具用品商店购买即可。

2. 启用新账簿时的规定

在启用新账簿时，应按以下规定填写：

(1) 在账簿封面上写明单位名称和账簿名称。

(2) 账簿扉页上应附“经办人员一览表”。内容包括：单位名称、账簿名称、账簿页数、启用日期、记账人员和会计机构负责人、会计主管人员姓名，并加盖名章和公章。会计主管人员调动工作时，应当注明交接日期、接办人员和监交人员姓名，并由交接双方签名或者盖章。

(3) 粘贴印花税票。

①印花税票一律粘在账簿扉页启用表的右上角，并在印花税票中间划两根出头的横线，以示注销。

②使用缴款书交纳印花税，在账簿扉页启用表上的左上角注明“印花税已缴”及缴款金额。

(4) 账本不同于发票，上面不需要“财政局的监制章”。

知识链接

1. 会计账簿的种类

根据相关法律规定，各单位要依法设置的会计账簿，各种账簿设置如图1－1所示：

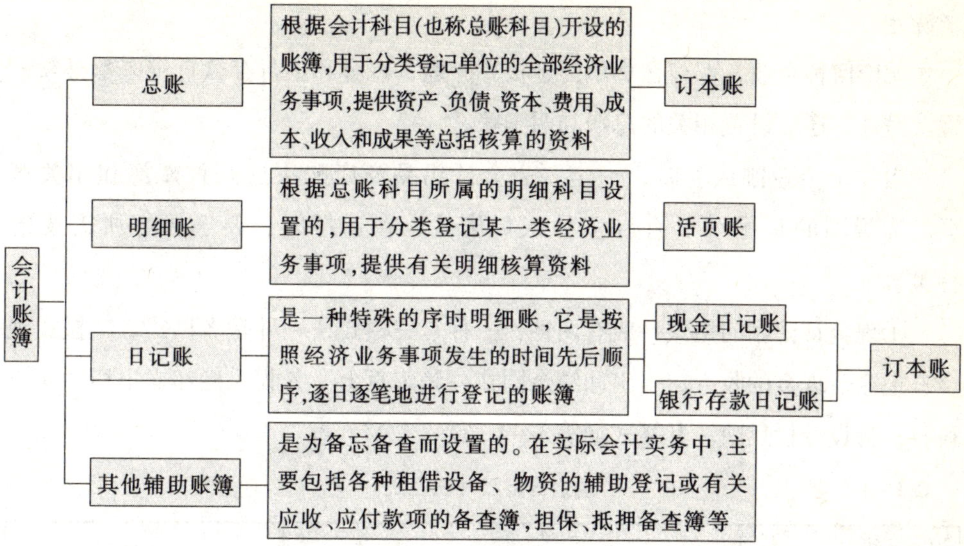

图1－1　账簿设置

2. 建账时应考虑的因素

无论何类企业，在建账时都要考虑以下问题：

（1）与企业业务量相适应。企业规模与业务量是成正比的，规模大的企业，业务量大，分工也复杂，会计账簿需要的品种也多；企业规模小，业务量也小，会计账簿品种也少。有的企业，一个会计可以处理所有经济业务，就没有必要设许多种类的账簿，所有的明细账可以合成一两本就可以了。

（2）依据企业管理需要。建立账簿是为了满足企业管理的需要，为管理提供有用的会计信息，所以，在建账时应以满足管理需要为前提，避免重复设账、记账。

（3）依据账务处理程序。企业业务量的大小不同，所采用的账务处理程序也不同。企业一旦选择了账务处理程序，也就选择了账簿的设置，如果企业采用的是记账凭证账务处理程序，企业的总账就要根据记账凭证序时登记，你就要准备一本序时登记的总账。

不同的企业在建账时所需要购置的账簿是不相同的，总体讲要依企业规模、经济业务的繁简程度、会计人员的多少、采用的核算形式及电子化程度来确定。

无论何种企业，都存在货币资金核算问题，现金和银行存款日记账都必须设置。另外，还需设置相关的总账和明细账。

当一个企业刚成立时，一定要去会计用品商店购买这几种账簿和相关账页。需说明的是明细账有许多种账页格式，在选择时，要选择好所需要的种类。

①现金日记账的格式一般有两种：一种是三栏式，一种是多栏式。三栏式现金日记账，现金的收入、支出和结余同在一张账页上，各收入栏和支出栏的对方科目，另设专栏反映。其格式如表 1－1 所示。

表 1－1　　现金日记账（三栏式）

20××年		凭证		摘要	对方科目	借方	贷方	余额
月	日	类别	号数					
1	1			上年结余				1 500

多栏式现金日记账，是在三栏式日记账基础上发展建立起来的。现金支出数应按借方科目分设支出专栏、收入专栏。这样，各有关专栏的合计数，就可用来登记有关的总账。这种现金日记账的收入栏和支出栏，如果分别按照对应科目设置专栏，并列入一本账簿，则账簿篇幅势必太大，因而一般将这种日记账划分为现金收入日记账和现金支出日记账，其格式如表 1－2、表 1－3、表 1－4所示。

表 1－2　　现金日记账（多栏式）　　第　页

年		凭证		摘要	收入栏				支出栏				结余
					贷方科目			合计	借方科目			合计	
月	日	类别	号数										

表 1－3　　现金收入日记账（多栏式）

年		凭证		摘要	贷方科目				支出合计				结余
月	日	类别	号数					收入合计					

表 1－4　　现金支出日记账（多栏式）

年		凭证		摘要	借方科目				支出合计
月	日	类别	号数						

②银行存款日记账的格式，也有三栏式和多栏式两种，其基本结构与现金日记账类似。三栏式的银行存款日记账如表1－5 所示。

表 1－5　　银行存款日记账（多栏式）

年		凭证号数	摘要	现金支票号码	转账支票号码	借方	贷方	借或贷	余额
月	日								

为了避免多栏式银行存款日记账的篇幅过大，在实际工作中，一般也将这种日记账划分为银行存款收入日记账和银行存款支出日记账，其格式与现金收入日记账和现金支出日记账基本相同，区别在于没有“结算凭证种类”栏。

银行存款日记账同现金日记账的登记方法大致相同，这里不再详述。

③总分类核算只运用货币计量，采用三栏式和多栏式账页两种格式记录各账户增减金额，以三栏式最为常用。

- 三栏式总分类账。所谓三栏式总分类账，是指其格式设有“借方”、“贷方”和“余额”三个金额栏。三栏式总分类账的格式设计通常有两种。

第一种是对某一账户只设有借、贷、余三栏，而不反映对方科目，其格式如表1－6所示。

表1－6 **总账（三栏式）**

会计科目 第 页

年		凭证字号	摘要	借方	贷方	借或贷	余额
月	日						

第二种是在总分类账的借方和贷方两栏内，分别增设“对方科目”栏，以便使设账科目的对方科目能够反映出来，账户对应关系更加清晰。这种格式的总分类账如表1－7所示。

表1－7 **总账（三栏式）**

会计科目 第 页

年		凭证字号	摘要	借方		贷方		借或贷	余额
月	日			对方科目	金额	对方科目	金额		

● 多栏式总分类账。所谓多栏式总分类账，是将所有的总账科目合并设在一张账页上。典型的多栏式总分类账，是一种序时账与分类账相结合的联合账簿，也称日记账，其格式如表1－8所示。

表 1－8　　日记总账（多栏式）

年　　月

年		凭证字号	摘要	发生额	科目		科目		科目		……
月	日				借方	贷方	借方	贷方	借方	贷方	……

④明细分类账的格式，应根据它所反映经济业务内容的特点以及实物管理的不同要求来设计。一般有三栏式、数量金额式和多栏式三种。

• 三栏式明细分类账。三栏式明细分类账的账页格式与三栏式总分类账的格式基本相同，账页内只设有借方、贷方和余额三个金额栏，不设数量栏。这种格式适用于那些只需要进行金额核算的资产、负债、所有者权益等类科目，如“应收账款”、“应付账款”、“其他应收款”、“交易性金融资产”、“实收资本”等科目的明细分类核算。三栏式明细分类账的格式如表 1－9所示。

表 1－9　　三栏式明细分类账

会计科目：

二级或明细科目：

年		凭证字号	摘要	借方	贷方	借或贷	余额
月	日						

• 数量金额式明细分类账。数量金额式明细分类账的账页，在收入、发出和结存栏内，分别设有数量栏、单价栏和金额栏。这种格式适用于既要进行金额核算，又要进行实物数量核算的各种财产物资科目，如“原材料”、“产成品”等科目的明细分类核算。数量金额式明细分类账的格式如表1－10所示。

表1－10　　数量金额式明细分类账

类别：

品名或规格：

储备定额：

年		凭证字号	摘要	收入			发出			结存		
月	日			数量	单价	金额	数量	单价	金额	数量	单价	金额

• 多栏式明细分类账。多栏式明细分类账是根据经济业务的特点和管理需要，在一张账页内按某一总账科目所属明细科目或明细项目分设若干专栏，用以在同一张账页上集中反映某一总账科目所属各有关明细科目或明细项目的核算资料。而前述三栏式和数量金额式明细分类账则是按有关的明细科目分设账页，这一点与多栏式明细分类账有所不同。多栏式明细分类账适用于只需要进行金额核算而不需要数量核算，并且管理上要求反映项目构成情况的成本费用支出、收入、财务成果类科目，如“生产成本”、“制造费用”、“管理费用”、“财务费用”、“营业外收入”、“本年利润”等科目的明细分类核算。

实例二：老企业新年度建账不出错

小王年初应聘到一家新公司去上班，财务主管让他在新年度建账，作为考核他的一项内容。小王先熟悉了以前的账目，看都有些什么科目，然后照着原来的账簿列了份清单，交给财务主管审批，打算按照原来的账簿种类买一套。财务主管看了后，删去了固定资产明细账，然后让小王照单去购买。小王百思不得其解，那么财务主管的做法对吗？

难点解析

原有单位在新年度建账时，现金日记账、银行存款日记账、总分类账及明细分类账都要每年更换新账，但固定资产明细账或固定资产卡片可以继续使用，不必每年更换新账。

为了清晰地反映各个会计年度的财务状况和经营成果，每个会计年度开始时，一般都要启用新账，并把上年度的会计账簿归档保管。

年终结账后，有期末余额的账户，应将其余额结转至下年度新账簿的相应账户中去。结转时，将账户的余额直接计入新账簿中相对应的账户余额栏内，不需要编制记账凭证，也不必将余额再计入本年账户的借方或贷方，使本年度该账户的余额为零。

下年度新开账户的第一行，填写的日期是 1 月 1 日，“摘要”栏注明“上年结转”字样，同时，将上年结转余额计入“余额”栏，并标明余额方向。上年度该账户的借方余额，转至本年度新账内仍为借方余额，上年度该账户的贷方余额，转至本年度新账内仍为贷方余额。其格式如表 1－11 所示。

表 1－11 **总分类账**

账户名称：产成品

2009 年		凭证		摘　　要	借方	贷方	借或贷	余额
月	日	字	号					
1	1			上年结转			借	450 000

知识链接

2006 年 12 月 7 日，国家税务总局发布了新修订的《个体工商户建账管理暂行办法》（以下简称新《办法》），并自 2007 年 1 月 1 日起施行。为便于公众更好地理解新《办法》的主要内容和精神，下面是税务总局新闻发言人就主要问题做的解释和说明。

主要出于以下三方面考虑：一是由于下岗再就业等一系列优惠政策的实施，个体经营者的人员结构发生了很大变化，出现了相当一批不具备独立建账能力的个体经营户。二是随着经济的发展，原《办法》规定的建立简易账和复式账的经营额标准明显偏低。三是现行税收征管法及相关法律、法规对于账簿管理的要求已作调整，而原《办法》的部分规定与新要求不一致，也与管理的实际相脱离。

1. 调整建账月销售额标准的依据和目的

月销售额标准的提高，一方面使得建立复式账和简易账的要求更加切实可行，便于基层税务机关实际操作；另一方面也符合广大个体经营者的实际情况，能够较好地适应个体经济发展的形势要求和规范个体工商户建账工作的需要。

2. 为什么要取消建账的雇工标准

由于个体工商户雇工情况经常发生变化，税务机关很难准确掌握其经营期间的雇工人数。同时，对于不同行业而言，雇工数量的多少对其经营额大小的贡献率也不尽相同，依据雇工数量多少确定个体工商户的建账类型，在实际操作中既不方便，也不够科学。因此，新《办法》取消了建账的雇工标准。

3. 如何确定个体工商户应设置复式账还是简易账

新《办法》规定："个体户应当根据自身生产、经营情况和本办法规定的设置账簿条件，对照选择设置复式账或简易账，并报主管税务机关备案"。这意味着，设置复式账还是简易账，由个体工商户对照条件自行选择，无须税务机关指定。按照会计法的要求，纳税人应按国家规定自行建账。税务机关在明确规定复式账和简易账设置标准的基础上，主要职责就是根据纳税人的经营情况，对照已制定的标准，督促检查纳税人是否按规定设置、保管和使用账簿，而不应再逐户确定纳税人建账的具体方式。如此处理，征纳双方职责会更加明确。

4. 税务机关对建账户采用何种方式征收税款

税务机关对于账簿记录完整、真实且账证健全的个体工商户应当采取查账征收的方式征收税款。

考虑到建账初期，由于受个体工商户建账能力和部分个体工商户建账动机等多种因素的影响，可能会出现相当一部分账证不全或建假账的情况。对此，税务机关也可采用查账征收与定期定额征收相结合的方式征收税款。这一原则是1997年国务院批转国税总局《关于加强个体私营经济税收征管强化查账征收工作的意见》（国发［1997］12 号）中所确定的，它充分考虑了个体工商户建账初期税收征管可能面临的现实情况。虽然，对建假账或账证不全等情形的个体工商户，税务机关可以核定税款，但在建账初期，面对大量存在的此类业户，基层征管力量难以满足逐户核定的需要，为防止税收流失，有必要给予基层税务机关定期定额征收的权力。对于"建账初期"具体时间跨度的界定，由各地根据本地区个体工商户总体的建账水平和税收征管力量确定。

5. 对不按规定建立和使用账簿的处罚权限，在国税局与地税局之间是如何划分的

为满足各地国家税务局与地方税务局对共管户税收征管的需要，新《办法》对原《办法》按照建账管辖权划分处罚权的规定做了修改。新《办法》规定，对不按规定设置、使用和保管账簿的，国家税务局、地方税务局有权进行处罚。但根据《行政处罚法》关于“一事不再罚”的原则，新《办法》同时规定，“对于个体工商户的同一违法行为，国家税务局与地方税务局不得重复处罚”。各地国家税务局与地方税务局应及时交换对个体工商户建账问题的处罚信息，避免重复处罚。

6. 地方税务机关在贯彻执行新《办法》时应注意哪些问题

新《办法》适当提高了个体工商户建账的销售额标准和注册资金标准，这并不意味着税务机关对建账标准以下的个体工商户放松管理。推进个体工商户建账，实行查账征收，这既是我国有关税收法律、法规的明确要求，是个体税收征管发展的方向，同时也是提高个体税收征管的质量与效率的重要措施。对依据原《办法》已经建账的个体工商户要引导其不断规范和提高，并进一步提高核算能力和水平；对达到新的建账标准的个体工商户，要督促其严格按照规定设置、使用和保管账簿，正确进行核算；对达不到新的建账标准的个体工商户，要在认真执行《个体工商户税收定期定额征收管理办法》规定的同时，引导其设立账簿，规范财务核算。

第2章　资料整理

——登记账簿

- 实例三：凭证的填制
- 实例四：凭证的传递、装订和保管
- 实例五：会计记账

实例三：凭证的填制

1. 数字书写不出错

下列会计数字中，是对还是错？错的错在哪儿？

（1）销售商品 1 000.84 元，销货发票大写金额为：壹仟元零捌角肆分整。

（2）支票的出票日期：2009 年 8 月 5 日，大写为：贰零零玖年捌月伍日。

（3）支票的出票日期：2008 年 2 月 13 日，大写为：贰零零捌年贰月壹拾叁日。

（4）289 546.52 元，大写金额为：贰拾捌万玖仟伍佰肆拾陆元伍角贰分。

2. 发票审核不出错

小王对发票的处理一直很茫然，审核发票时除了审核小写金额和大写金额是否相符，是否有领导的签字外，基本上就不知道再审核什么了，每次自己审完了以后还要给带他的老会计再审一遍才放心。向老会计请教，老会计说，除了上述两项外，还应该看发票的票面是否清洁，有没有被涂改过，抬头是不是本单位，出具发票的单位是否与本单位有经济业务关系等。

3. 附件处理不出错

刚毕业的学生踏上工作岗位，往往做的工作就是先处理记账凭证的附件，附件是不是就是发票？收据可以作为附件入账吗？粘贴附件别看只是一个纯手工活，其中也有很多小技巧。

难点解析

1. 数字书写

（1）在登记凭证和填列支票时，数字到分位的，大写时后面不加

“整”或“正”。

（2）2009 年 8 月 5 日应为“贰零零玖年捌月零伍日”，捌月前零字可写也可不写，伍日前零字必写。

（3）2008 年 2 月 13 日应为“贰零零捌年零贰月壹拾叁日”，贰月前必须加零。

（4）该问题需注意的是：“万”字不带单人旁。

2. 发票审核

老会计说的有道理，但也还不全面。

3. 附件的内容

附件并不单纯指发票，能作为登记记账凭证依据的资料都是附件，比如工资计算单，固定资产折旧计算单等。一般的，收据不能作为入账的依据，但行政事业单位的收据可以作账。实际中可以先进行财务处理，但是一定要让领导签字。年底再进行纳税调整。

知识链接

1. 票据填写规定

填写票据、结算凭证和会计凭证，字迹必须清晰、工整，并符合下列要求：

（1）出票日期（大写）。

①大写数字的写法：零、壹、贰、叁、肆、伍、陆、柒、捌、玖、拾。

②壹月贰月前零字必写，叁月至玖月前零字可写可不写。拾月至拾贰月必须写成壹拾月、壹拾壹月、壹拾贰月（前面多写了“零”字也认可，如零壹拾月）。

③壹日至玖日前零字必写，拾日至拾玖日必须写成壹拾日及壹拾 × 日（前面多写了“零”字也认可，如零壹拾伍日，下同），贰拾日至贰拾玖日必须写成贰拾日及贰拾 × 日，叁拾日至叁拾壹日必须写成叁拾日及叁拾壹日。

(2) 人民币（大写）。

①数字大写写法：零、壹、贰、叁、肆、伍、陆、柒、捌、玖、亿、万、仟、佰、拾。注意："万"字不带单人旁。

②7 560. 31 元写为：柒仟伍佰陆拾元零叁角壹分。

此时"陆拾元零叁角壹分"的"零"字可写可不写。

③532. 00 元写为伍佰叁拾贰元正。

"正"写为"整"字也可以。不能写为"零角零分"

④325. 20 元写为叁佰贰拾伍元贰角。

角字后面可加"正"字，但不能写"零分"，比较特殊。

⑤阿拉伯数字应一个一个地写，阿拉伯金额数字前应当书写货币币种符号（如人民币符号"¥"）或者货币名称简写和币种符号。币种符号与阿拉伯金额数字之间不得留有空白。凡在阿拉伯金额数字前面写有币种符号的，数字后面不再写货币单位（如人民币"元"）。

⑥所有以元为单位（或其他货币种类为货币基本单位，下同）的阿拉伯数字，除表示单价等情况外，一律在元位小数点后填写到角分，无角分的，角、分位可写"00"或符号"—"，有角无分的，分位应写"0"，不得用符号"—"代替。

⑦汉字大写金额数字，一律用正楷或行书书写，如零、壹、贰、叁、肆、伍、陆、柒、捌、玖、拾、佰、仟、万、亿等易于辨认、不易涂改的字样，不得用○、一、二、三、四、五、六、七、八、九、十、或"另、毛"等简化字代替，不得任意自造简化字。

⑧大写金额数字到元或角为止的，在"元"或"角"之后应写"整"或"正"字；大写金额数字有分的，分字后面不写"整"字。

⑨大写金额数字前未印有货币名称的，应当加填货币名称（如"人民币"三字），货币名称与金额数字之间不得留有空白。

⑩阿拉伯金额数字中间有"0"时，大写金额要写"零"字，如人民币101. 50 元，汉字大写金额应写成壹佰零壹元伍角整。阿拉伯金额数字中间连续有几个"0"时，汉字大写金额中可以只写一个"零"字，如¥1 004. 56，汉字

大写金额应写成壹仟零肆元伍角陆分。阿拉伯金额数字元位为“0”，或数字中间连续有几个“0”，元位也是“0”，但角位不是“0”时，汉字大写金额可只写一个“零”字，也可不写“零”字。如￥1680.32，汉字大写应写成人民币壹仟陆佰捌拾元叁角贰分。又如￥1600.32，汉字大写应写成人民币壹仟陆佰元叁角贰分，或人民币壹仟陆佰元零叁角贰分。

2. 发票审核应注意事项

（1）审发票的票面。看有无涂改的痕迹，如果有要认真盘查，防止把别的发票拿来报销，或者小数改大数。

（2）审出具发票的单位名称。一是看与本单位有无经济业务关系；二是看发票名称与经济内容是否相符，三是看发票内容与售货单位的经营范围是否吻合。

（3）审发票的抬头。看所填单位名称是否本单位，防止把私人或者其他单位的购货发票拿来报销。

（4）审发票的数字。看数字乘以单价是否等于总金额；看大小写金额是否一致；看小写金额前面是否有“￥”字样，大写金额前面是否顶格。如有差错，一定要查清缘由。

（5）审发票所开物品的价格。看与以往所购同种物品是否相同，如相差过大，应及时查明原因。

（6）审发票的编号。看有无连号现象，防止把别人的发票拿来报销。

（7）审发票开出的时间。一看是否有同一经济内容、同一金额的发票在相近时间内出现，防止重复报账；二看发票之间在时间和内容上的内在联系，如购买大件商品与其运费发生的时间是否前后相距太远等。

（8）审发票的印章。一看有无税务部门的监制章；二看有无售货单位的财务专用章；三看有无经手人签章。只有印章齐全，才能报销。

（9）审发票的备注。看备注栏有何规定或说明，如有无“违章罚款，不得报销”、“滋补药品，费用自理”等字样。

（10）审发票的背面。发票背面虽然没有内容，但由于发票基本上都是用复写纸写的，因而背面一般应有复写的印痕，如果没有，则应特别注意。

(11) 审发票的印制日期。按照规定，开具发票的单位每年度都应从税务部门领取本年度版本的发票，即便可使用上一年度版本的发票按规定也不宜时间跨度太长。审发票印制日期，就是看是否把作废发票又拿来重新使用，如果是，不但不能报销，而且还要向有关发票管理机构反映。

(12) 审发票的报销手续。看有无经手人、验收人、批准人签字，如没有，应先补齐手续。

此外，在审核发票时，还要注意分析一些不能通过票面而反映的问题。例如，采购物资是否舍近求远、舍优求劣；购买的办公用品只写金额，没有具体内容，是否会是一些非办公用品。如有类似的问题必须问清缘由，防止被少数人钻了空子。

3. 附件处理小窍门

在实际工作中记账凭证所附的原始凭证种类繁多，为了便于日后的装订和保管，在填制记账凭证的时候应对附件进行必要的外形加工。

过宽过长的附件，应进行纵向和横向的折叠。折叠后的附件外形尺寸，不应长于或宽于记账凭证，同时还要便于翻阅；附件本身不必保留的部分可以裁掉，但不得因此影响原始凭证内容的完整；过窄过短的附件，不能直接装订时，应进行必要的加工后再粘贴于特制的原始凭证粘贴纸上，然后再装订粘贴纸。原始凭证粘贴纸的外形尺寸应与记账凭证相同，纸上可先印一个合适的方框，各种不能直接装订的原始凭证，如飞机票、地铁车票、市内公共汽车票、火车票、出租车票等，都应按类别整齐地粘贴于粘贴纸的方框之内，不得超出。粘贴时应横向进行，从右至左，并应粘在原始凭证的左边，逐张左移，后一张右边压住前一张的左边，每张附件只粘左边的 0.6 ~1 厘米长，粘牢即可。粘好以后要捏住记账凭证的左上角向下抖几下，看是否有未粘住或未粘牢的。最后还要在粘贴单的空白处分别写出每一类原始凭证的张数、单价与总金额。

如某人报销差旅费，报销单后面的粘贴单附有 1 元的市内公共汽车票 20 张，10 元的公共汽车票 12 张，285 元的火车票 1 张，869 元的飞机票 1 张，就应分别在汽车票类下面空白处注明 $1 \times 20 = 20$ （元），$10 \times 12 = 120$ （元），在火车票类下面空白处注明 $285 \times 1 = 285$ （元），在飞机票类下面空白处注明 $869 \times 1 = 869$

(元)。这样，万一将来原始凭证不慎失落，也很容易查明丢的是哪一种票面的原始凭证，而且也为计算附件张数提供了方便。

4. 计算记账凭证后所附原始凭证张数的小窍门

计算记账凭证后所附原始凭证的张数，应区分不同情况：

(1) 对能全面反映每笔经济业务活动情况的原始凭证，应按自然张数计算。

(2) 对不能全面反映每笔经济业务活动情况，需要附件进行补充和说明的，应在原始凭证上注明附件张数，并将其粘贴在一起，附件不计入原始凭证张数。

(3) 对某类或某些原始凭证利用自制封面已进行汇总的，如差旅费报销单、支出汇总审批单等，其封面已对所反映的经济业务活动综合说明，对所附凭证张数也已注明，所以，它们应作为一张原始凭证计算。

5. 实际工作中常见的差错

发生在原始凭证中的财务差错主要是把原始凭证中的有关内容错记，主要有以下一些情况：

(1) 把原始凭证的接受单位或人员弄错。

(2) 把日期记错，造成会计分期中出现跨期事项，使得不符合权责发生制原则。

(3) 使用不合规定的原始凭证。

(4) 不按要求使用印鉴。

(5) 原始凭证编号不连续。

(6) 原始凭证填制的内容不完整。在有些小型企业和公司中，由于管理不严等原因，原始凭证填制的内容不完整的情况可能普遍存在。这样做，一方面不利于清晰反映经济业务发生的详细内容，不利于分清有关部门、人员的经济责任，减弱原始凭证的法律证明力，另一方面给某些人员进行违规以可乘之机。

(7) 原始凭证整理、粘贴不合规范。企业经济业务涉及的原始凭证很多，这就需要对其进行整理和粘贴。整理、粘贴的一般方法和程序是：

①进行归类，把相同类别的原始凭证归集到一起。

②对有些原始凭证进行整理，对个别较长较大的原始凭证进行折叠加工，把

原始凭证中不必要的附件去掉，对过小过短的原始凭证粘贴在一张结实、较大的衬垫纸上，对损坏的原始凭证加以粘贴等。

③对需要汇总的原始凭证进行汇总，如对出差人员所报销的各种原始凭证加以汇总，汇总成“差旅费报销单”，并将所有的原始凭证粘贴在“差旅费报销单”后面。

（8）原始凭证中有关数字计算不正确。如数量为 230，单价为 19.8 元，则金额应该是 4554 元（230 × 19.80），却被误写为 4654 元。

原始凭证中的差错虽然不是故意行为，但其危害很大，如原始凭证中的印鉴错误会使单位财务人员对其真实性和合法性产生怀疑。原始凭证中的金额、计量单位错误会导致多付或少付货币。错误的日期会影响该项业务的正确归属期。

实例四：凭证的传递、装订和保管

1. 凭证传递不出错

会计凭证的传递，是指会计凭证从填制或取得时起，经审核、记账到装订保管的全过程。会计凭证的传递都应注意哪些问题呢？

2. 凭证装订不出错

会计凭证的装订要求既美观大方又要便于翻阅，所以还是有一些技巧的，刚参加工作的会计人员一般都需要向老会计多学几次才能做好。

3. 凭证保管不出错

会计凭证是重要的经济资料和会计档案。每个单位在完成财务手续和记账以后，需按规定的立卷归档制度，形成会计档案资料，以便日后查阅。会计凭证归档前，应做好充分的准备，比如要仔细查看会计凭证的分录是否填写完整，封面上要填写清楚，盖章处要加盖相应图章等。

难点解析

1. 会计凭证传递的注意事项

各种记账凭证所记载的经济业务内容不同，涉及的部门和人员不同，办理的经济业务手续也不尽一致。组织会计凭证传递，必须遵循内部牵制原则，力求做到及时反映、记录经济业务。会计凭证在传递过程中必须注意：

（1）一切会计凭证的传递和处理，必须在会计报告期内完成，应当及时传递，不得积压，不得跨期，否则势必影响会计核算的正确性和及时性。

（2）会计凭证在传递过程中，既要做到完备严密，又要简便易行。凭证的签收、交接应当制定必要的制度，以保证会计凭证的安全与完整。

（3）应根据每种经济业务的特点、内部组织机构和人员分工情况以及经营管理的需要，恰当规定会计凭证传递的必要环节，并据之恰当规定会计凭证的份数，做到既使各有关部门和人员能了解经济业务的情况，及时办理凭证手续，又避免凭证传递经过不必要的环节，以利于提高工作效率。

（4）要根据各个环节办理经济业务所必需的时间，合理规定凭证在各个环节停留的时间，以确保凭证及时传递。

2. 会计凭证的装订

会计凭证的装订是指定期把编制好的会计凭证按照编号顺序，外加封面、封底，装订成册，并在装订线上加贴封签。在封面上，应写明单位名称、年度、月份、记账凭证的种类、起讫日期、起讫号数以及记账凭证和原始凭证张数，并在封签处加盖会计主管的骑缝图章。如果采用单式记账凭证整理装订时，必须保持会计分录的完整，应按凭证号码顺序还原装订成册，不得按科目归类装订。对各种重要的原始单据以及各种需要随时查阅和退回的单据，应另编目录，单独登记保管，并在有关的记账凭证和原始凭证上相互注明日期和编号。

会计凭证装订的要求是既要美观大方又要便于翻阅，所以在装订时要先设计好装订册数及每册的厚度。一般来说，一本凭证，厚度以 1.5 ~ 2.0 厘米为宜，太厚了不便于翻阅核查，太薄时可用纸折一些三角形纸条，均匀地垫在装订处，以保证它的厚度与凭证中间的厚度一致。

有些会计在装订会计凭证时采用角订法，装订起来简单易行，效果也很不错（见图 2 - 1）。它的具体操作步骤如下：

（1）封面和封底裁开，分别附在凭证前面和后面，再拿一张质地相同的纸（可以再找一张凭证封皮，裁下一半用，另一半为订下一本凭证备用）放在封面上角，做护角线。

（2）凭证的左上角画一边长为 5 厘米的等腰三角形，用夹子夹住，用装订机在底线上分布均匀地打两个眼儿。

（3）大针引线绳穿过两个眼儿。如果没有针，可以将回形别针顺直，然后将两端折向同一个方向，将线绳从中穿过并夹紧，即可把线引过来，因为一般装订机打出的眼是可以穿过的。

（4）在凭证的背面打结。线绳最好把凭证两端也系上。

（5）将护角向左上侧折，并将一侧剪开至凭证的左上角，然后抹上胶水。

（6）向上折叠，并将侧面和背面的线绳扣粘住。

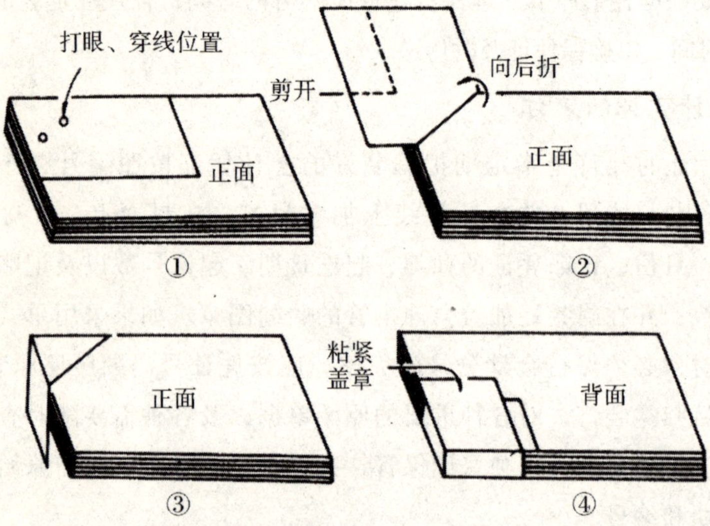

图 2－1　凭证装订方法

（7）待晾干后，在凭证本的背面写上“某年某月第几册共几册”的字样。装订人在装订线封签处签名或盖章。现金凭证、银行凭证或转账凭证最好依次顺序编号，一个月从头编一次序号，如果单位的凭证少，可以全年顺序编号。

3. 会计凭证的保管

会计部门在记账后，应定期（每日、每旬或每月）对各种会计凭证加以分类整理，将各种记账凭证按照编号顺序，连同所附的原始凭证折叠整齐，加具封面、封底，装订成册，并在装订线上加贴封签。在封面上，应写明单位名称、年度、月份、记账凭证的种类、起讫日期、起讫号码，以及记账凭证和原始凭证的张数，并在封签处加盖会计主管的骑缝图章。如果采用单式记账凭证，在整理装订凭证时，必须保持会计分录的完整。为此，应按凭证号码顺序还原装订成册，不得按科目归类装订如表 2－1 所示。

表 2－1　　会计凭证封面

凭证种类　　　　××××年度

本月共		册之第		册	
本册号数：	自		号起至		号
本册日期：	自	月	日起至	月	日止

单位名称：　　　会计主管：　　　会计：　　　装订：

会计凭证的保管期限和销毁手续，必须严格按照会计制度的有关规定执行。一般会计凭证至少保存 10 年，重要的凭证须长期保存，会计凭证保存期满需销毁时，必须开列清单，按照规定的手续报经批准后方可销毁，任何单位都不能随意销毁会计凭证。

知识链接

1. “三针引线法”装订会计凭证

（1）用“三针引线法”装订凭证时，应使用棉线，在左上角部位打上三个针眼，实行三眼一线打结，结扣应是活的，并放在凭证封皮的里面，装订时尽可能缩小所占部位，使记账凭证及其附件保持尽可能大的显露面，以便于事后查阅。

（2）凭证外面要加封面，封面纸用上好的牛皮纸印制，封面规格略大于所附记账凭证。

（3）装订凭证厚度一般 1.5 厘米，方可保证装订牢固，美观大方。

（4）会计凭证装订后的注意事项：

①每本封面上填写好凭证种类、起止号码、凭证张数、会计主管人员和装订

人员签章。

②在封面上编好卷号，按编号顺序入柜，并要在显露处标明凭证种类编号，以便于调阅。

2. 会计账簿的装订

各种会计账簿年度结账后，除跨年使用的账簿外，其他账簿应按时整理立卷。基本要求是：

(1) 按账簿启用表的使用页数核对各个账户是否相符，账页数是否齐全，序号排列是否连续。

(2) 按会计账簿封面、账簿启用表、账户目录、该账簿按页数顺序排列的账页、会计账簿装订封底的顺序装订。

(3) 活页账簿装订要求。

①保留已使用过的账页，将账页数填写齐全，去除空白页和撤掉账夹，用质好的牛皮纸做封面、封底，装订成册。

②多栏式活页账、三栏式活页账、数量金额式活页账等不得混装，应按同类业务、同类账页装订在一起。

③在本账簿的封面上填写好账目的种类，编好卷号，会计主管人员和装订人(经办人)签章。

(4) 账簿装订后的其他要求。

①会计账簿应牢固、平整，不得有折角、缺角，错页、掉页、加空白纸的现象。

②会计账簿的封口要严密，封口处要加盖有关印章。

③封面应齐全、平整，并注明所属年度及账簿名称、编号，编号为一年一编，编号顺序为总账、现金日记账、银行存(借)款日记账、分户明细账。

④会计账簿按保管期限分别编制卷号，如现金日记账全年按顺序编制卷号；总账、各类明细账、辅助账全年按顺序编制卷号。

(5) 财务报表的装订。财务报表编制完成及时报送后，留存的报表按月装订成册谨防丢失。小企业可按季装订成册，按照以下装订要求，如图 2-2 所示。

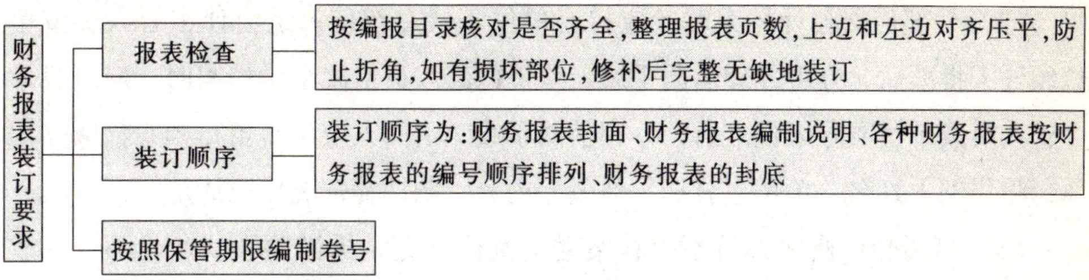

图 2－2　财务报表装订要求

3. 会计档案的保管

《会计档案管理办法》规定："当年会计档案，在会计年度终了后，可暂由本单位财务会计部门保管一年，期满之后原则上应由财务会计部门编制清册移交本单位的档案部门保管。"根据上述规定，会计档案的保管要求主要有：

（1）会计档案的移交手续。财务会计部门在将会计档案移交本单位档案部门时，应按下列程序进行：

①开列清册，填写交接清单。

②在账簿使用日期栏填写移交日期。

③交接人员按移交清册和交接清单项目核查无误后签章。

（2）会计档案的保管要求。

①会计档案室应选择在干燥防水的地方，并远离易燃品堆放地，周围应备有适当的防火器材。

②采用透明塑料膜作防尘罩、防尘布，遮盖所有档案架和堵塞鼠洞。

③会计档案室内应经常用消毒药剂喷洒，经常保持清洁卫生，以防虫蛀。

④会计档案室保持通风透光，并有适当的空间、通道和查阅地方，以利查阅，并防止潮湿。

⑤设置归档登记簿、档案目录登记簿、档案借阅登记簿，严防毁坏损失、散失和泄密。

⑥会计电算化档案保管要注意防盗、防磁等安全措施。

4. 会计档案的借阅

（1）会计档案为本单位提供利用，原则上不得借出，有特殊需要须经上级主管单位或单位领导、会计主管人员批准。

(2) 外部借阅会计档案时，应持有单位正式介绍信，经会计主管人员或单位领导人批准后，方可办理借阅手续；单位内部人员借阅会计档案时，应经会计主管人员或单位领导人批准后，办理借阅手续。借阅人应认真填写档案借阅登记簿，将借阅人姓名、单位、日期、数量、内容、归期等情况登记清楚。

(3) 借阅会计档案人员不得在案卷上乱画标记、拆散原卷册，也不得涂改抽换、携带外出或复制原件（如有特殊情况，须经领导批准后方能携带外出或复制原件）。

(4) 借出的会计档案，会计档案管理人员要按期如数收回，并办理注销借阅手续。

5. 实际工作中常见差错

(1) 归档的会计资料不完整。根据规定，每个部门或单位对本部门或本单位的各种会计凭证、会计账簿、财务报表、财务计划、单位预算和重要的经济合同等会计资料要归入会计档案。在实际工作中存在着未将应归档的会计资料全部归入会计档案的问题。如未将有关财务计划归入会计档案等。

(2) 建立会计档案的手续制度不合理、不完整。按照规定，各单位每年形成的会计档案，都应由财务会计部门按照归档的要求，负责整理立卷或装订成册。当年会计档案，在会计年度终了后，可暂由本单位财务会计部门保管一年，期满之后，原则上应由财务会计部门编造清册移交本单位的档案部门保管。财务会计部门和经办人员必须按期将应当归档的会计档案，全部移交档案部门，不得自行封包保存。档案部门必须按期点收，不得推诿拒绝。档案部门接收保管的会计档案，原则上应当保持原卷册的封装，个别需要拆封重新整理的，应当会同财务会计部门和经办人共同拆封整理，以分清责任。在实际中存在着未按照或未完全按照上述要求建立会计档案的问题。如有的单位的会计档案一直保存在财务会计部门，未移交给档案部门；有的单位的财务会计部门在向本单位档案部门移交会计档案时，未能全部移交，或档案部门拒绝接收，或点收时不认真、不仔细以致造成双方在移交与接收数量上的错误等。

(3) 会计资料的整理、归档不正确、不合理。

（4）存放无序。无论是财务会计部门，还是档案部门对保管的会计档案，首先应做到存放有序，以便查找利用。在实际工作中存在着会计档案存放无序的问题。如有的单位由于存放会计档案的地方窄小，造成对会计档案随意堆放，各种会计资料混杂在一块，不利于会计档案的利用。

（5）未严格执行定期检查制度。对会计档案应定期进行检查，以防毁损。在实际工作中存在着未严格执行定期检查的制度，以致造成会计档案或部分内容发霉、虫蛀等毁损现象。

（6）未严格执行保密安全制度。会计档案中属于保密范围的会计资料要加以保密以防泄密后造成不良影响；另外，对会计档案要执行安全制度，以保证其安全完整。

（7）对会计档案没有专人保管或未建立岗位责任制。

（8）对销毁的会计档案未进行严格鉴定，以致造成使销毁的会计档案不符合规定的保管期限。

（9）销毁会计档案的程序、手续不合理、不正确。

实例五：会计记账

1. 记账前的准备工作不出错

记账是会计日常工作的主要部分。有的会计账簿干净整洁，美观清晰，有的会计账簿却是乱糟糟。记账前应做哪些工作才能让账簿整洁清晰？

2. 记账过程不出错

记账过程是枯燥而乏味的，如何在枯燥乏味的记账过程中保持清醒的头脑？记账过程中应注意哪些问题？

3. 记账书写不出错

前面已经有了一部分数字书写的知识，但大部分都是大写数字的书写规则，对于阿拉伯数字，在会计上也有书写要求。

难点解析

1. 记账前的准备工作

（1）选购和装订账簿。现行总账一般采用订本式，选购时应根据本单位业务量的大小选择，尽量一年一本，避免一种账一年用不完或不够用。活页账装订时要注意同一本账装同样的账页，其纸色、大小应一致。装订时，应排齐顶紧，以保证账本外形美观，防止账页松动。

（2）粘贴索引纸。会计业务量小的单位账簿可不设索引纸，会计业务量较大、业务较复杂的单位账簿应粘贴索引纸。粘贴索引纸时，应按由前往后（按账页顺序）、自上而下的顺序粘贴。当合起账本时，全部索引纸应整齐、匀称，并能显露科目。

（3）统一笔墨、印台、印章。同一本账要尽量用同一支笔、同一牌号的墨水、同一套印章、同色印油。墨水、印台应单独保管，以免被他人混用而改变颜色。记账用的蘸水笔也应单独保管，防止被他人使用而改变笔尖的角度，造成笔迹不一。

（4）整理办公桌面，清除污染物，防止账簿被污染。

2. 记账时的注意事项

（1）在账页下部放干净纸，防止手上的汗渍浸染账页。

（2）先将笔在其他纸上试写数字，以清除沉积在笔头的墨水。使用蘸水笔记账，应备专用墨水，并使瓶中的墨水保持一定的高度，以便蘸水均匀。

（3）记账要及时，要精力集中，以提高记账的质量，减少差错率，同时还能在笔迹、颜色上减少时间差的影响。

（4）翻动墨水未干的账页，可在其上放张吸水较强的纸。这样既可防止未干墨水污染账簿，又不影响记账速度。

（5）结账应核对无误后，再用记账笔正式填写。

（6）印章应经常擦拭，以保持字面清晰。使用印章时，应先在其他纸上试盖，待清晰时再正式使用，要注意印油不可太多，否则，不仅会影响本账页的整洁，还会渗透而殃及相邻的页面。

（7）结账划线应用两块直尺重叠使用，上面的（尺）向前伸出一点，使尺的前沿伸出的部分与账页保持一定的距离，以避免尺上的墨水污染账页。

（8）结账的通栏横线不要骑格划，可稍稍错上一点，以免红绿颜色相混，看不到红线。

（9）翻阅账页时，不要总捻账页的右下角或右上角，应该经常变换位置，以防止账角卷曲变黑，影响账簿的整洁与寿命。

3. 记账的书写要点

关于阿拉伯数字的字形以及正确的书写方法如表 2－2 所示。

表 2－2　　阿拉伯数字书写字形表

数码	决定斜度的主体结构	关键部位的书写方法	不规范的字形			
1	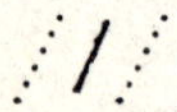	①着笔时，注意高度与其他字码保持顶端平齐 ②走笔向下时，掌握好斜度，应与其他字码保持斜度一致 ③斜竖必须拉直，不得弯曲 ④收笔落在底线，不得伸入下格				
			字形太短	字形太长	弯曲不直	甩笔
2	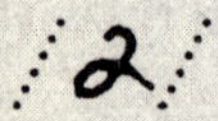	①起笔先向右下方，转弯再向左下方，此一笔决定斜度 ②相交点后部，应成一扁圆形，并落在底线之上 ③最后相交的一笔，应成弧状，扣至底线时收笔，不得越过底线 ④所有部位，均要求自然圆润				
			影响斜度	收笔不好	没有斜度	伸入下格出现死角
3	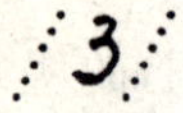	①起笔注意高度，与其他字大体平齐 ②上半部要短于下半部 ③最后一斜笔，决定此字的斜度，拉至底线收笔 ④腹部尖角不得突出，以不超过上下两笔端为限				
			影响斜度	破坏圆润	影响整洁	甩笔
4	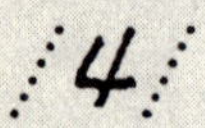	①起笔略低于要求高度，第二笔斜竖才与其他字保持平齐 ②转弯处不要写成死角，应微带圆形 ③两斜竖应成平行线 ④转弯后的一横笔，不能与底线重合，应向右拉平，与底线成平行状				
			底线重合	妨碍圆润	影响斜度	甩笔

续表

数码	决定斜度的主体结构	关键部位的书写方法	不规范的字形			
5		①起笔高度，要与其他字平齐 ②转弯向右处成死角，走笔微向上提，以保持下半部的自然圆润 ③下半部圆弧底，要落在底线上，收笔微上翘 ④最后一短横，长短适中，拉平	5	5	5	5
			不出斜度	伸入下格出现死角	末笔不平	破坏斜圆并用甩笔
6	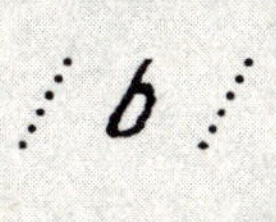	①起笔要注意高度，与其他字大致平齐 ②斜竖向下必须拉直，将要接近底线时要再向右翻转 ③下半部应呈扇圆形，自然圆润，不出楞角 ④收笔时，走笔逐渐向下与斜竖自然相重合，不露痕迹		6		6
			影响斜度	妨碍圆润	斜竖太短	出现甩笔
7		①起笔高度与其他字大体平齐 ②转变处不要死角，应微带圆形 ③转变后向左下方的斜竖要拉直，它决定此字斜度 ④收笔可伸入下格，但不得过长或甩笔	7	7	7	7
			斜度不够	甩笔过长	影响整洁	未出下线
8		①除起笔和收笔相交处外，字的其他部位均要求自然圆润 ②上半部圆形应小于下半部，不得写成上下两个大小相同的圆形 ③斜度决定于最后向上的一斜笔 ④起笔收笔相交自然吻合，不得出现交叉出头现象	8			8
			影响斜度	相交出头	上大下小	出现死角

续表

数码	决定斜度的主体结构	关键部位的书写方法	不规范的字形			
9	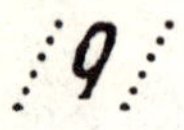	①起笔高度与其他字平齐 ②上半部呈椭圆形，不能写成正圆，圆的下部不能落在底线上 ③向下一斜笔，决定此字的斜度，必须拉直，不得弯曲 ④收笔可伸入下格，但不可过长或甩笔		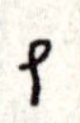		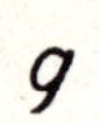
			破坏斜度	妨碍整洁	字体偏低	斜竖不直出现甩笔
0	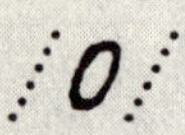	①高度可略低于其他数码 ②成椭圆形，其斜度要求大体与其他字一致 ③起笔收笔相交自然，不露痕迹 ④圆的下部落在底线上		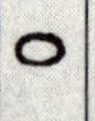		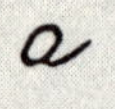
			不出斜度	不出斜度	影响圆润	甩笔

知识链接

实际工作中常见的记账差错：

（1）记账凭证基本要素不全或填写不完整。如会计凭证中“摘要”不规范。要么填写内容过于简单，不能说明经济活动发生的详细情况；要么用词不准确，不能正确无误地反映该项经济业务；要么文字说明过于累赘，失去了摘要的特点；要么干脆不写摘要，给违规人以可乘之机。

（2）记账凭证科目运用错误。即没有正确运用有关会计科目，发生了科目运用错误（如将应收与应付、虚账户与实账户、固定资产与周转材料混淆）、内容错误（将科目所包括的业务内容弄错，如混淆了银行支票、汇票和本票的区别，将银行支票列入其他货币资金之中，又如将销售费用列入财务费用或管理费用之中等)、对应关系错误（将科目借方与贷方关系列错，出现多借多贷或者其他对应关系不明的现象）等。

（3）记账凭证无编号或者编号错误。记账凭证经常涉及两份及两份以上的原始凭证，此时的编号用序号（三份凭证的情形）1/3、2/3、3/3 等区分表示所附的不同的原始凭证；无编号是指对多份原始凭证没有按序排队编号，使得各份凭证难以辨别彼此；编号错误指虽然存在原始凭证编号，但所排列的顺序混乱，难以窥视其相互关系。

（4）附件数量和金额错误。记账凭证所附的原始凭证的张数和内容与记账凭证不符，或者各张原始凭证所记金额的合计数与记账凭证记录金额不符。

（5）印鉴错误。对已入账记账凭证未加盖有关印章，或者加盖不全，使已入账的凭证与未入账的凭证难以区分；有效的记账凭证与出错作废的凭证难以区分；记账凭证中没有记账、审核等人员的签章。

（6）账簿登记不规范。如文字或数字上面的空距太大或过小，用铅笔或圆珠笔登记账簿，登账时发生跳页、跳行又未按规定划线注销等。

（7）总账与明细账的登记未按平行登记法的要求进行，使得账簿记录失真。如经济业务发生后，总账和明细账登记的时间距离太远；总账与明细账的登记方向与金额不一致或不相等；平行登记时，记串账户、漏记、重记、记错数字等。

（8）日记账未按规定逐日逐笔进行登记。

第3章　实战演练
——日常业务处理

- 实例六：库存现金核算
- 实例七：银行存款和其他货币资金核算不出错
- 实例八：应收账款处理
- 实例九：购入材料
- 实例十：存货盘盈和盘亏处理不出错
- ……

实例六：库存现金核算

小王刚刚接手处理库存现金业务，每日现金收支频繁，小王格外谨慎，怎样才能做到不出错呢？

1. 库存现金收入支出不出错

小王初做会计，负责现金和银行存款的登记。一天，销售部门的小李交来一笔货款 50 000 元，后供货商来催款，经主管会计批准，小王就从 50 000 元中支付了供货商 30 000 元的材料款。

2. 库存现金清查处理不出错

每天下班前，小王都对库存现金进行盘点，然后与现金日记账进行核对。基本每天都能核对上。但有一天，却发现库存现金长款 100 元。作分录如下：

借：库存现金　　100

　　贷：待处理财产损溢——待处理流动资产损溢　　100

未查明原因，经批准可以转销。小王用 100 元冲销了管理费用，作分录如下：

借：待处理财产损溢——待处理流动资产损溢　　100

　　贷：管理费用　　100

月底，小王发现库存现金比日记账上的现金少 300 元。于是作分录如下：

借：待处理财产损溢——待处理流动资产损溢　　300

　　贷：库存现金　　300

经反复核查，100 元为销售部小李疏忽所致，少收了一流动客户的货款。另外 200 元未找到原因。经批准后小王转入了营业外支出，于是作了如下分录：

借：其他应收款——销售部小李　　100

　　营业外支出——现金短缺　　200

　　贷：待处理财产损溢——待处理流动资产损溢　　300

小王的上述做法对不对呢？

难点解析

1. 库存现金的坐支

问题1中，小王的做法是典型的“坐支”现象。

根据《中华人民共和国现金管理暂行条例》（1988年9月8日国务院发布）的规定：未经批准坐支或者未按开户银行核定的坐支范围和限额坐支现金的，开户银行应当依照中国人民银行的规定，予以警告或者罚款；情节严重的，可在一定期限内停止对该单位的贷款或者停止对该单位的现金支付。同时根据《现金管理暂行条例实施细则》（1988年9月12日中国人民银行发布）的规定：未经批准坐支或者未按开户银行核定坐支额度和使用范围的，按坐支金额的10%～30%处罚。

2. 库存现金溢余和短缺的处理

小王的做法显然混淆了“营业外收入/支出”和“管理费用”的应用。

为了及时发现或防止现金收付差错事故和不法行为的发生，企业应定期或不定期对库存现金清查盘点，如发现长短款事项，应及时找出原因，并作出处理。在未查明原因前，应记入“待处理财产损溢——待处理流动资产损溢”，等查明原因后再计入相关科目。对于由于个人过失而发生的现金短款，记入“其他应收款”，对于应当支付给相关单位或个人的库存现金长款，记入“其他应付款”；对于无法查明原因的库存现金短款经批准后要记入“管理费用”，不能记入“营业外支出”，无法查明原因的现金溢余，经批准后记入“营业外收入”，不能冲减“管理费用”。

知识链接

1. 库存现金管理的内容

依据国务院颁布的《现金管理条例》规定，现金管理的内容是：

（1）库存现金的使用范围。

①支付给职工的工资、津贴；个人劳务报酬。

②根据国家规定颁发给个人的各种奖金。

③各种劳保、福利费用以及国家规定的对个人的其他支出。

④对个人支付的债券本息、入股分红。

⑤向个人收购农副产品和其他物资的价款。

⑥出差人员必须随身携带的差旅费。

⑦开户单位转账结算起点（1000 元）以下的零星支付。

⑧中国人民银行确定的需要支付现金的其他支出。

（2）库存现金限额。库存现金限额是指企业用于零星开支允许留存现金的最高数额。开户银行对在本行开立基本存款账户的开户单位，根据其行业特点和日常用现情况逐户核定库存现金限额。核定标准为开户单位可以保留 3 ~5 天日常零星开支所需的现金量，边远地区和交通不便地区的开户单位可以保留 15 天以下的日常零星开支所需的现金量。凡超过库存现金限额的现金，必须及时送存银行。

库存现金限额每年核定一次，一经核定，开户单位必须严格执行。年度内确因经济活动变化需要调整库存现金限额的，开户单位应提出申请，由开户银行审核后调整。

（3）不准坐支库存现金。开户单位支付库存现金，可以支用库存现金或从开户银行提取，但不得从其库存现金收入中直接支付（即坐支）。确因特殊原因须坐支库存现金的，应当事先报经开户银行审查批准，由开户银行核定坐支范围和限额，并报当地中国人民银行备案。坐支单位要定期向开户银行报送坐支金额和使用情况。

（4）其他规定。不准携带现金到外地采购；不准拒收有效转账结算凭证；不准用转账凭证套取现金，或未如实反映现金收支来源和用途；不准编造用途套取现金，或未如实反映现金收支来源和用途；不准用不符合财务会计制度的凭证顶替库存现金；不准对用现金结算比用转账结算在价格等方面给予优惠；不准向中国人民银行或开户银行的检查人员提供虚假资料和情况；不准将单位资金以个人名义开立账户存储或将资金转入个人信用卡账户；不准没有建立现金收支账目或涂改现金账目；不准印制、运输、保管、使用代币券。

2. 备用金

企业内部周转使用的备用金，可以单独设置“备用金”科目核算。

单独设置“备用金”科目的企业，由企业财务部门单独拨给企业内部各单位周转使用的备用金，借记“备用金”科目，贷记“库存现金”科目或“银行存款”科目。从备用金中支付零星支出，应根据有关的支出凭单，定期编制备用金报销清单，财务部门根据内部各单位提供的备用金报销清单，定期补足备用金，借记“管理费用”等科目，贷记“库存现金”科目或“银行存款”科目。除了增加或减少拨入的备用金外，使用或报销有关备用金支出时不再通过“备用金”科目核算。

（1）临时性备用金。临时性备用金是为了满足临时性需要而暂付给有关部门和个人的现金，使用后实报实销，适用于不经常使用备用金的部门和个人。在这种管理方式下，备用金的账务处理为：

①预付备用金时，借记“备用金”科目，贷记“库存现金”科目。

②使用后报销时，借记“管理费用”等科目，如有收回多余的现金时还应借记“库存现金”科目，贷记“备用金”科目。

【例3-1】某企业会计核算设置有“备用金”科目。2010年1月13日，企业采购员王某外出采购某农产品原料，预借款5000元，以现金付讫。1月20日，王某采购归来，交仓库农产品4500元，退回现金500元。根据上述经济业务，企业应作如下账务处理：

1月13日预付备用金时：

借：备用金——王某　　5000

　　贷：库存现金　　5000

1月20日报销时：

借：材料采购　　4500

　　库存现金　　500

　　贷：备用金——王某　　5000

（2）定额备用金。定额备用金是对经常需要使用备用金的部门或个人核定备用金定额，并按定额拨付备用金。定额备用金使用后，在报销时财会部门按核准报销的金额付给现金，补足备用金定额。

也就是说，实行定额备用金制度，除拨付、增加或减少备用金定额时通过“备用金”科目核算外，日常支用报销补足定额时，都不需通过该科目核算，而是将支用数直接计入有关成本、费用科目。这种管理方式既方便了使用单位，又简化了核算手续。

在这种管理方式下，备用金的账务处理为：

①对于预支的备用金，拨付时借记“备用金”科目，贷记“库存现金”科目。

②报销时，借记“管理费用”、“制造费用”等相关科目，贷记“库存现金”科目。

③收回备用金或减少备用金定额时，借记“库存现金”科目，贷记“备用金”科目。

【例3-2】某企业会计核算设置有“备用金”科目，其对技术开发部门实行定额备用金制，每月月终报销一次，核定的备用金定额为5000元，以现金拨付。2010年1月16日，企业按规定拨付备用金给技术开发部门；1月27日，技术开发部门持有关单据报销零星费用支出4350元，以现金补足其定额。根据上述经济业务，企业应作如下账务处理：

1月16日拨付备用金时：

借：备用金——技术开发部门　　5000

　　贷：库存现金　　5000

1月27日报销时：

借：管理费用　　4350

　　贷：库存现金　　4350

3. 常见财务差错规律

（1）应通过银行转账结算的业务而用现金结算。根据规定，对于超过1 000

元的支出业务，应通过银行转账的方式进行结算。在实际中存在着超过此限额甚至几倍、数十倍的现金收支业务。

（2）钱账不分。有的单位会计与出纳一人兼管，或虽有两人，但当出纳员不在时，由会计兼任出纳；当会计不在时，由出纳兼任会计。这样给有关人员独揽全部印章、涂改或伪造凭证以可乘之机。

（3）现金收付手续不健全，会计人员把关不严，致使不应报销的支付项目或内容不全的原始凭证报销入账。

（4）收支现金不及时入账，造成库存现金盈亏。

（5）账务处理有错误。

4. 在实际工作中需要特别注意的问题

在实际工作中，我们要尽量避免出错，但出现差错能够尽快查找出来并纠正，也是一个会计必不可少的技能。

（1）根据日期和凭证号数栏记载，查证是否以记账凭证为依据逐笔序时登记收支业务并逐笔结出余额，有无前后日期和凭证编号前后顺序颠倒的情况。

（2）根据摘要栏、金额栏和对方科目栏的记载，判断经济业务的会计处理、会计科目的使用是否恰当。同时，还要进一步查证零星的现金收入是否及时如数送存银行，有无违反规定以收抵支、坐支现金。库存现金收付的内容和金额是否符合国家规定的范围和限额。

（3）根据结存栏记载，查证是否有异常的红字余额。如出现红字余额，可能是漏记收入、多记支出所致，同时，还要查证现金日记账的每日账面余额是否遵守银行核定的余额，超过限额的现金是否及时送存银行。如经常超过，应避免白条抵库的情况出现。

（4）查证现金的收付款凭证。现金的收付款凭证是现金日记账的记账依据，是现金日记账正确与否的前提，平时应着重注意：

①凭证的内容是否完整。要注意凭证在签发单位名称、地址、接受单位名称、签发日期、内容摘要等方面的内容是否齐备。

②凭证的计算是否正确。要注意凭证的数量、单价、金额、合计等方面有无漏洞，大小写是否相符。凭证本身是否合法合规。

③要注意企业的正式发票是否印有税务监制的印章，如不符合有关规定，需指出并酌情处理。

④凭证所反映的经济业务是否真实。

实例七：银行存款和其他货币资金核算不出错

小张刚做会计，对银行存款和其他货币资金怎么也区分不开，对其他货币资金的做账没有概念。他不明白为什么银行汇票和银行本票属于其他货币资金？会计分录上怎么体现？小张第一次把它们记入了银行存款账户。

在“其他货币资金”下有一个明细科目“银行承兑汇票保证金”，银行承兑汇票是记在应付票据账户的，他想年末把“其他货币资金——银行承兑汇票保证金”和对应的“应付票据”对冲，在下一年再调整回来。不知道这样做对不对？

难点解析

（1）其他货币资金是指企业除现金、银行存款以外的其他各种货币资金。具体包括外埠存款、银行汇票存款、银行本票存款、信用卡存款、信用证保证金存款、存出投资款等。企业应该设置“其他货币资金”科目集中核算这些货币资金。“其他货币资金”属于资产类账户，借方记录其他货币资金的增加数，贷方记录其他货币资金的减少数，月末借方余额反映其他货币资金的结余数额。在该科目下，按“外埠存款”、“银行汇票”、“银行本票”、“信用卡”、“信用证存款”、“存出投资款”分设明细账，进行明细核算。

（2）银行汇票和银行本票属于企业将钱存入相应银行，银行再开具的票据，这笔款项不能再由企业自由支配，故不能在银行存款账户核算，而应该在其他货币资金账户核算。

（3）企业取得其他货币资金的分录一般是：

借：其他货币资金

　　贷：银行存款

用其他货币资金支付货款、劳务费用时：

借：应付账款

　　贷：其他货币资金

（4）“其他货币资金——银行承兑汇票保证金”和对应的“应付票据”不应该对冲，这个保证金就是保证金，应付票据就是应付票据，二者不需要也不应该对冲。

知识链接

1. 银行存款业务常见会计差错

（1）分工不细，未将本来不相容的职务分离。如发票、汇票等结算凭证的保管、签发；在银行预留印鉴的保存，银行存款收付业务的记账、核对等工作由一个人独揽。

（2）缺乏凭证审核制度。对于银行存款的收付款凭证，包括原始凭证和记账凭证，都必须经过审核、批准和复核或承付，才能办理收付款业务。实际工作中，有些单位制度观念淡薄，或认为会计人手少，而缺乏对银行存款收付凭证进行审核。

（3）企业与银行对账不及时，不经常。不少企业存在着与银行对账不及时、不经常甚至长期不对账的问题，以致造成银行存款日记账与银行对账单长期不符。如开户银行或银行对某笔银行存款收入或支出业务记反方向，记错金额，造成银行日记账与银行对账单不符的问题，由于对账不及时、不经常或根本不对账，而被长期隐藏。

（4）缺乏银行存款的账目核对。如银行存款日记账与总账之间及其各自与会计凭证、其他有关账户之间等缺乏定期的、经常的核对，以致造成账账、账证等长期不符。

2. 银行存款账户核算中需要特别注意的问题

（1）根据日期和凭证号数栏的记载，查证是否以记账凭证为依据逐笔序时登记收支业务并逐笔结出余额，有无前后日期和凭证编号前后顺序颠倒的情况。

（2）根据摘要栏、金额栏和对方科目栏的记载，判断经济业务的会计处理、会计科目的使用是否适当。

（3）根据结存余额栏的记载，查证是否有异常的红字余额。如出现红字余额，可能是由于不同银行账号的业务记录出现“串户”，或是收支业务记录的先后顺序颠倒，或是开具空头支票等所致。

3. 其他货币资金核算中需要特别注意的问题

（1）容易和银行存款账户混用。其他货币资金核算的内容包括：外埠存款、银行汇票存款、银行本票存款、信用证保证金存款、信用卡存款和存出投资款六项，除此之外的其他存款都在银行存款账户反映。

（2）开立各种专户存款要经过适当的审批程序，其数额也有一个合理的核定数。在实际工作中，开立各种专户存款要手续完备，在核定的数额内使用。

（3）在途货币资金发生后要及时入账，收到在途货币资金后要及时注销，不应长期挂账不注销。尽量缩短“其他货币资金——外埠存款”的占用时间，避免长期挂账。

4. 银行存款账户的开设

（1）基本存款账户的开设。基本存款账户是指存款人办理日常转账结算和现金收付的账户。存款人的工资、奖金等现金的支取，只能通过本账户办理。

①基本存款账户的当事人资格条件。根据《银行账户管理办法》的规定，下列存款人可以申请开立基本存款账户：企业法人；企业法人内部单独核算的单位；管理财政预算资金和预算外资金的财政部门；实行财政管理的行政机关、事业单位；县级（含）以上军队、武警单位；外国驻华机构；社会团体；单位附设的食堂、招待所、幼儿园；外地常设机构；私营企业、个体经济户、承包户和个人。

②基本存款账户开立所需的证明文件。存款人申请开立基本存款账户，应向

开户银行出具下列证明文件之一：当地工商行政管理机关核发的《企业法人营业执照》或《营业执照》；中央或地方编制委员会、人事、民政等部门的批文；军队军以上、武警总队财务部门的开户证明；单位对附设机构同意开户的证明；驻地有权部门对外地常设机构的批文；承包双方签订的承包协议；个人居民身份证和户口簿。

③基本存款账户开立的程序。存款人申请开立基本存款账户的，应填制开户申请书，提供规定的证件。送交盖有存款人印章的印鉴卡片，经银行审核同意、并凭中国人民银行当地分支机构核发的开户许可证，即可开立该账户。

需要特别说明的是，印鉴卡片上填写的户名必须与单位名称一致，同时要加盖开户单位公章、单位负责人或财务机构负责人、出纳人员三种图章。它是单位与银行事先约定的一种具有法律效力的付款依据，银行在为单位办理结算业务时，凭开户单位在印鉴卡片上预留的印鉴审核支付凭证的真伪。如果支付凭证上加盖的印章与预留的印鉴不符，银行就可以拒绝办理付款业务，以保障开户单位款项的安全。

（2）一般存款账户的开设。一般存款账户是指存款人在基本存款账户以外的银行借款转存、与基本存款账户的存款人不在同一地点的附属非独立核算单位开立的账户。存款人可以通过本账户办理转账结算和现金缴存，但不能办理现金支取。

①一般存款账户设置的条件和所需证明文件。根据《银行账户管理办法》的规定，下列情况的存款人可以申请开立一般存款账户，并须提供相应的证明文件：在基本存款账户以外的银行取得借款的单位和个人可以申请开立该账户，并须向开户银行出具借款合同或借款借据；与基本存款账户的存款人不在同一地点的附属非独立核算单位可以申请开立该账户，并须向开户银行出具基本存款账户的存款人同意其附属的非独立核算单位开户的证明。

②一般存款账户设置的程序。存款人申请开立一般存款账户的，应填制开户申请书，提供相应的证明文件，送交盖有存款人印章的印鉴卡片，经银行审核同意后，即可开立该账户。

（3）临时存款账户的开设。临时存款账户是指存款人因临时经营活动需要开立的账户。存款人可以通过该账户办理转账结算和根据国家现金管理规定办理现金收付。

①临时存款账户设置的条件和所需的证明文件。根据《银行账户管理办法》的规定，下列存款人可以申请开立临时存款账户，并须提供相应的证明文件：外地临时机构可以申请开立该账户，并须出具当地工商行政管理机关核发的临时执照；临时经营活动需要的单位和个人可以申请开立该账户，并须出具当地有关部门同意设立外来临时机构的批件。

②临时存款账户开立的程序。存款人申请开立临时存款账户，应填制开户申请书，提供相应的证明文件，送交盖有存款人印章的印鉴卡片，经银行审核同意后，即可开设此账户。

（4）专用存款账户的开设。专用存款账户是指存款人因特定用途需要开立的账户。

①专用存款账户设置的条件。根据《银行账户管理办法》的规定，存款人对特定用途的资金，由存款人向开户银行出具相应证明即可开立该账户。特定用途的资金范围包括：基本建设的资金；更新改造的资金；其他特定用途、需要专户管理的资金。

②所需提供的证明文件。存款人须向开户银行出具下列证明文件之一：经有关部门批准立项的文件；国家有关文件的规定。

③专用存款账户开立的程序。存款人申请开立专用存款账户，应填制开户申请书，提供相应的证明文件，送交盖有存款人印章的印鉴卡片，经银行审核同意后，即可开设此户。

实例八：应收账款处理

1. 坏账处理不出错

（1）小张所在公司核算坏账损失是按照“备抵法”核算的，应收账款账龄有长有短。小张还记得以前课本上说，坏账收不回来了就要作坏账损失处理，但他不明白，在什么情况下可以做坏账处理？做坏账时要提供什么依据来证明？比如，公司应收账款有较多是长于 5 年以上的账款，不可能收回这些账款了，但又提供不出可以在税前列支的证明，所以，无法向税务机关申请坏账损失准予税前列支。但这些坏账挂在应收账款上实在很难看。这种情况该如何进行会计处理？小张很犯难。

（2）一笔应收账款 200 万元在 2007 年 12 月报批后作为坏账损失处理了，当时会计分录为：

借：待处理流动资产损溢	2 000 000	
贷：应收账款		2 000 000
借：管理费用	2 000 000	
贷：待处理流动资产损溢		2 000 000

这笔已转销的应收账款在 2010 年 5 月又收回了，该如何处理呢？

2. 应收账款账期计算不出错

在实际工作中，我们经常说月结 30 天、月结 45 天、月结 60 天，那么这是否就代表账期分别是 30 天、45 天、60 天。

3. 应收账款的管理不出错

应收账款管理是一个公司最头疼的事情，“要账难，难于上青天”，小张所在的公司应收账款为 990 万元，造成资金短缺。老板着急，就催小张要账，小张只能一再催销售部门赶紧回款，但效果不明显且应收账款还是往上涨。小张想应该从根本上管理应收账款，但他不知道该如何管理，所以，也不知道从什么地方入手向老板建议对应收账款的管理。

4. 应收账款转让不出错

为了缓解资金短缺的现状，小张决定除了从根本上加强应收账款的管理外，还要想一个办法，以解燃眉之需。他想到了转让应收账款融资的办法，于是向主管会计建议。主管会计让他想一想这种业务应该怎样处理，小张给出了下面的回答：

借：银行存款（实际收到的款项）

　　坏账准备（已提的坏账准备）

　　贷：应收账款（出售的应收账款的账面余额）

　　　　财务费用（或记借方）

小张该如何解决应收账款的账务问题呢？

难点解析

1. 确认坏账损失的条件

（1）纳税人符合下列条件之一的应收账款，应作为坏账处理：

①债务人被依法宣告破产、撤销，其剩余财产确实不足清偿的应收账款。

②债务人死亡或依法被宣告死亡、失踪，其财产或遗产确实不足清偿的应收账款。

③债务人遭受重大自然灾害或意外事故，损失巨大，以其财产（包括保险赔款等）确实无法清偿的应收账款。

④债务人逾期未履行偿债义务，经法院裁决，确实无法清偿的应收账款。

⑤逾期 3 年以上仍未收回的应收账款。

⑥经国家税务总局批准核销的应收账款。

（2）企业应收、预付账款发生上述情况申请坏账损失税前扣除时应提供下列依据：

①法院的破产公告和破产清算的清偿文件。

②工商部门的注销、吊销证明。

③政府部门有关撤销、责令关闭等的行政决定文件。

④公安等有关部门的死亡、失踪证明。

⑤逾期三年以上及已无力清偿债务的确凿证明。

⑥债权人债务重组协议、法院判决、国有企业债转股批准文件。

⑦与关联方的往来账款必须有法院判决或所在地主管税务机关的证明。

（3）对于公司应收账款有长于 5 年以上的账款，而又没有证据核销的情况，会计可以以总经理办公会议或者类似管理机构的审批意见下账即可。税法上的要求比较严谨，如果不符合它的要求，那不能在税前扣除坏账。这里可以作为会计与税法的差异处理。年底所得税汇算时，调整申报表中的相关数据即可。

（4）已经转销的坏账又收回的情况，一般作下面的调整分录：

借：银行存款

　　贷：应收账款——××企业

借：应收账款——××企业

　　贷：坏账准备

2. 应收账款账期的确定

账期一般是指供应商向购买商供货后，直至购买商向供应商付款的这段时间。

如果购买者能按约定付款，那么月结××天就是指账期××天。但在实际工作中，购买者往往违反规定欠款，则以实际收款日的持续期间为准确定相应的应收债权的账期。

3. 应收账款的管理

应收账款管理不仅仅是财务部门的事情，还涉及销售部门、公司总的决策等各个方面。加强应收账款管理，应制定相应的制度，使各部门的工作相互协调，相互支持，应该避免本位主义，比如销售部门为了提高销售量而放宽信用条件，财会部门为了早回款而紧缩信用条件等都是不可取的。加强应收账款管理就应该多管齐下，在对外政策上有一个明确的规定。在后面的知识链接部分附有某一公司的应收账款管理制度，可以借鉴。

4. 应收账款的融资

小张的回答并不全面。具体的会计处理要以具体的业务背景而定，详细内容在知识链接部分阐述。

知识链接

1. 坏账的定义

坏账是指企业无法收回或收回的可能性极小的应收款项。由于发生坏账而遭受的损失，称为坏账损失。企业应当定期或者至少每年年度终了，对应收款项进行全面检查，预计各项应收款项可能发生的坏账，对于没有把握能够收回的应收款项，应当计提坏账准备。在实际工作中，坏账准备在年底计提时比率为5‰，以后在实际发生坏账时冲减，但需要在汇缴文件上提供税务部门要求备查的相应资料（即计提说明及比例），以得到税务机关的认可，按照5‰的比例进行税前扣除。等真正发生坏账时，也需要提供相应的资料进行审批。

2. 应收账款管理制度范例

应收账款管理制度

第一章　总　　则

第一条　为保证公司能最大可能地利用客户信用拓展市场以利于销售公司的产品，同时又要以最小的坏账损失代价来保证公司资金安全，防范经营风险；并尽可能地缩短应收账款占用资金的时间，加快企业资金周转，提高企业资金的使用效率，特制定本制度。

第二条　本制度所称应收账款，包括发出产品赊销所产生的应收账款和公司经营中发生的各类债权。具体有应收销货款、预付账款、其他应收款三个方面的内容。

第三条　应收账款的管理部门为公司的财务部门和业务部门，财务部门负责数据传递和信息反馈，业务部门负责客户的联系和款项催收，财务部门和业务部门共同负责客户信用额度的确定。

第二章　客户资信管理制度

第四条　信息管理基础工作的建立由业务部门完成，公司业务部应在收集整理的基础上建立以下几个方面的客户信息档案一式两份，由业务经理复核签字后一份保存于公司总经理办公室，一份保存于公司业务部，业务经理为该档案的最终责任人，客户信息档案包括：

（1）客户基础资料：即有关客户最基本的原始资料，包括客户的名称、地址、电话、所有者、经营管理者、法人代表及他们的个人性格、兴趣、爱好、家庭、学历、年龄、能力、经历背景，与本公司交往的时间，业务种类等。这些资料是客户管理的起点和基础，由负责市场产品销售的业务人员对客户的访问收集来的。

（2）客户特征：主要包括市场区域、销售能力、发展潜力、经营观念、经营方向、经营政策、经营特点等。

（3）业务状况：包括客户的销售实绩、市场份额、市场竞争力和市场地位、与竞争者的关系及于本公司的业务关系和合作情况。

（4）交易现状：主要包括客户的销售活动现状、存在的问题、客户公司的战略、未来的展望及客户公司的市场形象、声誉、财务状况、信用状况等。

第五条　客户的基础信息资料由负责各区域、片的业务员负责收集，凡于本公司交易次数在两次以上，且单次交易额达到 1 万元人民币以上的均为资料收集的范围，时间期限为达到上述交易额第二次交易后的 1 个月内完成并交业务经理汇总建档。

第六条　客户的信息资料为公司的重要档案，所有经管人员须妥善保管，确保不得遗失，如因公司部分岗位人员的调整和离职，该资料的移交作为工作交接的主要部分，凡资料交接不清的，不予办理离岗、离职手续。

第七条　客户的信息资料应根据业务员与相关客户的交往中所了解的情况，

随时汇总整理后交业务经理定期予以更新或补充。

第八条 实行对客户资信额度的定期确定制，成立由负责各市场区域的业务主管、业务经理、财务经理组成的、由总经理（或主管市场的副总经理）主持的“市场管理委员会”，按季度对客户的资信额度、信用期限进行一次确定。

第九条 业务人员对客户跟踪调查，“市场管理委员会”通过对其记录的相关信息资料进行分析、研究，确定市场客户的资信状况和销售能力，及每个客户可以享有的信用额度和信用期限，建立《信用额度、期限表》，由业务部门和财务部门各备存一份。

第十条 初期信用额度的确定应遵循保守原则，根据过去与该客户的交往情况（是否通常按期回款），其净资产情况（经济实力如何）以及其有没有对外提供担保或者跟其他企业之间有没有法律上的债务关系（潜在或有负债）等因素。凡初次赊销信用的新客户信用度通常确定在正常信用额度和信用期限的50%，如新客户确实资信状况良好，须提高信用额度和延长信用期限的，必须经“市场管理委员会”形成一致意见报请总经理批准后方可提高使用额度。

第十一条 客户的信用额度和信用期限原则上每季度进行一次复核和调整，公司市场管理委员会应根据反馈的有关客户的经营状况、付款情况随时予以跟踪调整。

第三章　产品赊销的管理

第十二条 在市场开拓和产品销售中，凡利用信用额度赊销的，必须由经办业务员先填写赊销《请批单》，由业务经理严格按照预先每个客户评定的信用限额内签批后，仓库管理部门方可凭单办理发货手续。

第十三条 财务部门主管应收账款的会计每10天对照《信用额度期限表》核对一次债权性应收账款的回款和结算情况，严格监督每笔账款的回收和结算。超过信用期限10天仍未回款的，应及时通知主管的财务部门经理，由财务经理汇总并及时通知业务部门立即联系客户清收。

第十四条 凡前次赊销未在约定时间结算的，除特殊情况下客户能提供可靠的资金担保外，一律不再发货和赊销。

第十五条 业务员在签订合同和组织发货时，都必须参考信用等级和授信额度来决定销售方式，所有签发赊销的销售合同都必须经主管业务经理签字后方可盖章发出。

第十六条　对信用额度在 50 万元以上、信用期限在 3 个月以上的客户，业务经理每年应不少于走访一次；信用额度在 100 万元以上、信用期限在 3 个月以上的，除业务经理走访外，主管市场的副总经理（在有可能的情况下为总经理）每年必须走访客户一次以上。在客户走访中，应重新评估客户信用等级的合理性并结合客户的经营状况、交易状况及时调整信用等级。

第四章　应收账款监控制度

第十七条　业务部门应严格对照《信用额度表》和财务部门报来的《账龄明细表》，及时核对、跟踪赊销客户的回款情况，对未按期结算回款的客户及时联络和反馈信息给主管副总经理。

第十八条　业务人员在与客户签订合同或协议书时，应按照《信用额度表》中对应客户的信用额度和期限约定单次销售金额和结算期限，并在期限内负责经手相关账款的催收和联络。如超过信用期限者，按以下规定处理：

超过 1～10 天时，由经办人上报部门经理，并电话催收；

超过 11～60 天时，由部门经理上报主管副总经理，派员上门催收，并扣经办人该票金额 20% 的计奖成绩；

超过 61～90 天时，经催收无效的，由业务主管报总经理批准后作个案处理（如提请公司法律顾问考虑通过法院起诉等催收方式），并扣经办人该票金额 50% 的计奖成绩。

第十九条　财务部门应于月后 5 日前向业务部门、主管市场的副总经理（总经理）提供一份当月尚未收款的《应收账款账龄明细表》，该表由相关业务人员核对后报经业务主管市场的副总经理（总经理）批准后安排进行账款回收工作。

第二十条　业务员在外出收账前要仔细核对客户欠款的准确数，不可到客户处才发现数据差错，这会有损公司形象。外出前需预先安排好路线经业务主管同意后才可出去收款；款项收回时业务员需整理已收的账款，并填写应收账款回款明细表，若有折扣时需在授权范围内执行，并书面陈述原因，由业务经理签字后及时向财务交纳相关款项并销账。

第二十一条 清收账款由业务部门统一安排路线和客户，并确定返回时间，业务员在外清收账款，每到一客户，无论是否清结完毕，均需随时向业务经理电话汇报工作进度和行程。任何人不得借机游山玩水。

第二十二条 业务员收账时应收取现金或票据，若收取银行票据时应注意开票日期、票据抬头及其金额是否正确无误，如不符时应及时联系退票并重新办理。若收汇票时需客户背面签名，并查询银行确认汇票的真伪性；如为汇票背书时要注意背书是否清楚，注意一次背书时背书印章是否与汇票抬头一致，背书印章是否为发票印章。

第二十三条 收取的汇票金额大于应收账款时非经业务经理同意，现场不得以现金找还客户，而应作为暂收款收回，并抵扣下次账款。

第二十四条 收款时客户现场反映的价格、交货期限、质量、运输问题，在业务权限内时可立即同意，若在权限外时需立即汇报主管，并在不超过 3 个工作日内给客户以答复。如属价格调整，回公司应立即填写价格调整表告知相关部门并在相关资料中做好记录。

第二十五条 业务人员在销售产品和清收账款时不得有下列行为，一经发现，一律予以开除，并限期补正或赔偿，严重者移交司法部门。

（1）收款不报或积压收款。

（2）退货不报或积压退货。

（3）转售不依规定或转售图利。

第五章 坏账管理制度

第二十六条 业务人员全权负责对自己经手赊销业务的账款回收，为此，应定期或不定期地对客户进行访问（电话或上门访问，每季度不得少于两次），访问客户时，如发现客户有异常现象，应自发现问题之日起 1 日内填写“问题客户报告单”，并建议应采取的措施，或视情况填写“坏账申请书”呈请批准，由业务主管审查后提出处理意见，凡确定为坏账的须报经主管市场的副总经理（总经理）批准后按相关财务规定处理。

第二十七条 业务人员因疏于访问，未能及时掌握客户的情况变化并通知公司，致公司蒙受损失时，业务人员应负责赔偿该项损失 25% 以上的金额。（注：

疏于访问意味着未依公司规定的次数，按期访问客户者。）

第二十八条　业务部门应全盘掌握公司全体客户的信用状况及来往情况，业务人员对于所有的逾期应收账款，应由各个经办人将未收款的理由，详细陈述于账龄分析表的备注栏上，以供公司参考，对大额的逾期应收账款应特别书面说明，并提出清收建议，否则此类账款将来因故无法收回形成呆账时，业务人员应负责赔偿_____%以上的金额。

第二十九条　业务员发现发生坏账的可能性时应立即报业务主管，及时采取补救措施，如客户有其他财产可供作抵价时，征得客户同意立即协商抵价物价值，妥善处理避免更大损失发生。但不得在没有担保的情况下，再次向该客户发货。否则相关损失由业务员负责全额赔偿。

第三十条“坏账申请书”填写一式三份，有关客户的名称、号码、负责人姓名、营业地址、电话号码等，均应一一填写清楚，并将申请理由的事实，不能收回的原因等，做简明扼要的叙述，经业务部门及经理批准后，连同账单或差额票据转交业务主管处理。

第三十一条　凡发生坏账的，应查明原因，如属业务人员责任心不强造成，于当月份计算业务人员销售成绩时，应按坏账金额的_____%先予扣减业务员的业务提成。

第六章　应收账款交接制度

第三十二条　业务人员岗位调换、离职，必须对经手的应收账款进行交接，凡业务人员调岗，必须先办理包括应收账款在内的工作交接，交接未完的，不得离岗，交接不清的，责任由交者负责，交接清楚后，责任由接替者负责；凡离职的，应在30日内向公司提出申请，批准后办理交接手续，未办理交接手续而自行离开者其薪资和离职补贴不予发放，由此给公司造成损失的，将依法追究法律责任。离职交接依最后在交接单上批示的生效日期为准，在生效日期前要交接完毕，若交接不清又离职时，仍将依照法律程序追究当事人的责任。

第三十三条　业务员提出离职后须把经手的应收账款全部收回或取得客户付款的承诺担保，若在一个月内未能收回或取得客户付款承诺担保的就不予办理离职。

第三十四条 离职业务员经手的坏账理赔事宜如已取得客户的书面确认，则不影响离职手续的办理，其追诉工作由接替人员接办。理赔不因经手人的离职而无效。

第三十五条 “离职移交清单”至少一式三份，由移交人、接交人核对内容无误后双方签字，并由监交人签字后，保存在移交人一份，接交人一份，公司档案存留一份。

第三十六条 业务人员接交时，应与客户核对账单，遇有疑问或账目不清时应立即向主管反映，未立即呈报，有意代为隐瞒者应与离职人员同负全部责任。

第三十七条 公司各级人员移交工作时，应与完成移交手续并经主管认可后，方可发放该移交人员最后任职月份的薪金，未经主管同意而自行发放由出纳人员负责。

第三十八条 业务人员办交接时由业务主管监督；移交时发现有贪污公款、短缺物品、现金、票据或其他凭证者，除限期赔还外，情节重大时依法追诉民事、刑事责任。

第三十九条 应收账款交接后一个月内应全部逐一核对，无异议的账款由接交人负责接手清收，（财务部应随时对客户办理通讯或实地对账，以确定业务人员手中账单的真实性。）交接前应核对全部账目报表，有关交接项目概以交接清单为准，交接清单若经交、接、监三方签署盖章即视为完成交接，日后若发现账目不符时由接交人负责。

3. 出售应收账款的会计处理

出售应收账款分为无追索权让售和有追索权让售。

（1）无追索权让售的会计处理。无追索权让售是指应收账款购买方即金融机构要承担收取应收账款的风险，即承担应收账款的坏账损失，而出售方则承担销售折扣、销售折让或销售退回的损失。为此，金融机构在购买应收账款时一般要按一定比例预留一部分余款，以备抵让售方应承担的销售折扣、折让或退回的损失，待实际发生销售折扣、折让或退回时，再予以冲销。因此，在会计处理上，出售方企业应按实际收到的款项增加货币资金，支付的手续费计入财务费用，金融机构预留的款项计入其他应收款，并冲减应收账款的账面价值，待金融机构实际收到应收账款时，再根据实际发生销售折扣、折让或退回的具体情况，同出售方企业进行最后结算。现举例说明：

【例 3－3】 某企业于 2010 年 1 月 1 日将 500 000 元的应收账款以无追索权方式出售给当地某家工商银行，该工商银行按应收账款面值的 4% 收取手续费，并按应收账款面值的 5% 预留账款，以备抵可能发生的销售折扣、折让或退回；2010 年 5 月 10 日，该工商银行实收账款 480 000 元，发生销售折扣、折让和销售退回17 550 元（含税金额，增值税率为 17%），实际发生坏账损失 2450 元；2010 年 6 月 1 日该企业与工商银行进行最后结算。根据上述资料，该企业会计处理如下：

2010 年 1 月 1 日出售应收账款时：

借：银行存款　　455 000

　　其他应收款　　25 000

　　财务费用　　20 000

　　贷：应收账款　　500 000

2010 年 5 月 10 日收到款项，实际发生销售折扣、折让和销售退回时：

借：主营业务收入　　15 000

　　应交税费——应交增值税（销项税额）　　2550

　　贷：其他应收款　　17 550

2010 年 6 月 1 日与工商银行进行最后结算时

借：银行存款　　7450

　　贷：其他应收款　　7450

（2）有追索权让售的会计处理。有追索权让售是指出售方企业应承担向购买者即金融机构偿付的责任，在已让售应收账款上发生的任何坏账损失，均应由让售方企业承担。由于金融机构对无法偿付的应收账款具有追索权，对于这类出售业务，根据其性质不同也有两种不同的会计处理方法：一是按销售业务处理，即在交易发生时注销应收账款，同时将金融机构收取的手续费确认为当期费用；二是按借款业务处理，即在交易发生时不注销应收账款，而是增加一个负债类账户，一般计入其他应付款或应付票据，金融机构收取的手续费作为融资成本，需要在应收账款持有期内摊销。

【例3-4】承前例，假设出售的应收账款有追索权，分别按销售业务和借款业务进行会计处理如下：

①按销售业务处理。

•2010年1月1日出售应收账款时，会计分录同前。

•2010年1月1日按应收账款账面价值的5‰计提坏账准备2500元（500 000×5‰）时，由于应收账款在出售时即已注销，因此可直接冲减“其他应收款”账户，即：

借：管理费用　　2500

　　贷：其他应收款　　2500

•2010年5月10日收到款项，实际发生销售折扣、折让和销售退回时，会计分录同前，冲销多计提的坏账准备50元（2500-2450）时：

借：其他应收款　　50

　　贷：管理费用　　50

•2010年6月1日与工商银行进行最后结算时：

借：银行存款　　（25 000-17 550-2450）5000

　　贷：其他应收款　　5000

②按借款业务处理。

•2010年1月1日，出售应收账款获得出售款时：

借：银行存款　　455 000

　　其他应收款　　25 000

　　预付账款　　20 000

　　贷：其他应付款　　500 000

•2010年1月1日计提坏账准备2500元，由于应收账款没有注销，应先贷记“坏账准备”账户，待实际发生坏账损失时再予以注销，即：

借：管理费用　　2500

　　贷：坏账准备　　2500

• 1 ~ 5 月份摊销手续费时：

借：财务费用　　4000

　　贷：预付账款　　4000

• 2010 年 5 月 10 日收到款项，发生销售折扣、折让和退回时，会计分录同前，实际发生坏账损失时：

借：坏账准备　　2450

　　贷：其他应收款　　2450

冲销多计提的坏账准备 50 元时：

借：坏账准备　　50

　　贷：管理费用　　50

注销应收账款时：

借：其他应付款　　500 000

　　贷：应收账款　　500 000

• 2010 年 6 月 1 日与工商银行进行最后结算时，会计分录同前。

以上两种方法进行的会计处理，都假设到期欠款客户能及时付款，若到期欠款客户不能及时付款时，出售方企业应承担连带责任，负责付款，此时，应进行相应的会计处理。在上例中，按销售业务处理，到期欠款客户不能支付款项，若出售方企业存款账户有足够的款项，金融机构可直接扣除，则：

借：应收账款　　500 000

　　贷：银行存款　　475 000

　　　　其他应收款　　25 000

当出售方企业存款账户余额不足，不能用货币资金支付时，应作逾期贷款处理，则：

借：应收账款　　500 000

　　贷：短期借款　　475 000

　　　　其他应收款　　25 000

同理，在上例中，按借款业务处理，若到期欠款客户不能及时付款时，金融机构直接扣款时：

借：其他应付款　　500 000

　　贷：银行存款　　475 000

　　　　其他应收款　　25 000

当出售方企业存款账户余额不足，金融机构无法直接扣款时，也应作逾期贷款处理，则：

借：其他应付款　　500 000

　　贷：短期借款　　475 000

　　　　其他应收款　　25 000

实例九：购入材料

1. 原材料成本确定不出错

小丽所在公司是一个建筑施工公司。在采用实际成本法核算原材料时，小丽不明白哪些费用应该计入原材料成本中，哪些该计入销售费用中。材料检测费是否该计入材料和商品的采购成本？

2. 周转材料核算不出错

有一次，小丽将施工用的模板记入了“固定资产”账户，财务主管说不对，应该在“周转材料”账户核算。小丽有些糊涂，明明应该记入“固定资产”为什么要记入“周转材料”。又怎样核算呢？财务主管说得对吗？

3. 原材料暂估入库不出错

月末公司刚进了一批原材料，但货到了发票还没有到，只能暂估入账。但入账时的金额按照什么核算呢，是含税价格还是不含税价格？依据是什么？下月发票如果还没有全部收回，应怎样冲销估价？是否发票收回多少才冲减多少，还是全部一次冲减，没有收回发票部分再次估价？

4. 购入材料退货处理不出错

小丽所在公司上月末购进了一批原材料，当时就取得了增值税发票，在月末做账时已经将取得的增值税发票上的进项税额抵扣，原材料于这个月中旬运到，但经检验发现质量不合格，经过与供货商交涉同意退货。小丽不明白上月已经抵扣了的增值税额在账务上怎样处理？

难点解析

1. 原材料成本的确定

根据《企业会计准则第1号——存货》的规定，存货成本包括采购成本、加工成本和其他成本。其中，存货的采购成本一般包括采购价格、进口关税和其他税金、运输费、装卸费、保险费以及其他可以直接归属于存货采购的费用。商品流通企业的商品采购成本包括采购价格、进口关税和其他税金等。

工业企业材料购入前的检测费，应计入材料成本，购入后的检测费，计入生产成本。对于商品流通企业，不管购入前还是购入后，商品的检测费都不计入商品成本，而应该计入营业费用。

2. 周转材料的核算

周转材料不是低值易耗品，所以财务主管的说法是正确的。

周转材料是指施工企业在施工过程中能够多次使用，并可基本保持原来的形态而逐渐转移其价值但不确认为固定资产的材料，主要包括钢模板、木模板、脚手架和其他周转材料等。

企业的包装物和低值易耗品在周转材料科目核算，也可以单独设置“包装物”、“低值易耗品”科目。

核算周转材料应设置“周转材料”一级科目。

（1）本科目核算施工企业库存和在用的各种周转材料的实际成本或计划成本。

（2）本科目应设置“在库周转材料”、“在用周转材料”和“周转材料摊销”三个明细科目，并按周转材料的种类设置明细账，进行明细核算。

采用一次转销法的，可以不设置以上三个明细科目。

（3）购入、自制、委托外单位加工完成并已验收入库的周转材料、施工企业接受的债务人以非现金资产抵偿债务方式取得的周转材料、非货币性交易取得的周转材料等以及周转材料的清查盘点，比照“原材料”科目的相关规定进行账务处理。

（4）施工企业应当根据具体情况对周转材料采用一次转销、分期摊销、分次摊销或者定额摊销的方法。

①一次转销法。一般应限于易腐、易糟的周转材料，于领用时一次计入成本、费用。

②分期摊销法。根据周转材料的预计使用期限分期摊入成本、费用。

③分次摊销法。根据周转材料的预计使用次数摊入成本、费用。

④定额摊销法。根据实际完成的实物工作量和预算定额规定的周转材料消耗定额，计算确认本期摊入成本、费用的金额。

（5）领用、摊销和退回周转材料时，应分别以下情况进行账务处理：

①采用一次转销法的，领用时，将其全部价值计入有关的成本、费用，如借记“工程施工”等科目，贷记本科目。

②采用其他摊销法的，领用时，按其全部价值，借记本科目（在用周转材料），贷记本科目（在库周转材料）；摊销时，按摊销额，借记“工程施工”等科目，贷记本科目（周转材料摊销）；退库时，按其全部价值，借记本科目（在库周转材料），贷记本科目（在用周转材料）。

（6）周转材料报废时，应分别以下情况进行账务处理：

①采用一次转销法的，将报废周转材料的残料价值作为当月周转材料转销额的减少，冲减有关成本、费用，如借记“原材料”等科目，贷记“工程施工”等科目。

②采用其他摊销法的，将补提摊销额，借记“工程施工”等科目，贷记本科目（周转材料摊销）；将报废周转材料的残料价值作为当月周转材料摊销额的减少，冲减有关成本、费用，借记“原材料”等科目，贷记“工程施工”等有关科目，同时，将已提摊销额，借记本科目（周转材料摊销），贷记本科目（在用周转材料）。

（7）采用计划成本核算的施工企业，月度终了，应结转当月领用周转材料应分摊的成本差异，通过“材料成本差异”科目，记入有关成本、费用科目。

（8）在用周转材料以及使用部门退回仓库的周转材料，应当加强实物管理，并在备查簿上进行登记。

（9）本科目期末借方余额，反映施工企业在库周转材料的实际成本或计划成本，以及在用周转材料的摊余价值。

3. 原材料暂估入库

原材料暂估入库应该根据入库单登记入账。其入库单据的填写没有特别要求，直接按单据上的项目填明购入单位、数量、单价及金额即可，只是在会计核算上需要注意以下事项：如果预定该批货物可取得增值税专用发票，那么入账时，要按预定付款总额进行价税分离，即这时计入原材料的金额是不含增值税的价款；如果预定这批货物只能取得普通发票，则直接按入库单据上的金额暂估入账即可。在财务处理上根据入库单可以入账，但没有发票在税法上不允许计入成本。下月冲回时，可以做相反分录或做红字分录。如果下月发票仍然没到，继续估价和冲回；如果下月只收到了部分发票，则全部一次冲减，没有收回发票的部分再次估价即可。

4. 购入材料退货的处理

在购入的材料发生退货的情况下，公司应该主动到主管国税局开具《销售退回及索取折让证明单》，这样，供货单位方可冲减其前期已确定的销项税。同时，财务上公司用红字冲减当初购货时的分录为：

借：原材料　　　　　　　　　　　　（红字）

　　应交税费——应交增值税（进项税额）　　（红字）

　　贷：银行存款　　　　　　　　　　（红字）

知识链接

原材料是存货的一种。存货主要包括以下物品：

①为进行正常生产经营活动而储存的物品。

②在盘存日期不论其存放地点，法定所有权属于企业的物品。

③商品尚未出售的部分就叫做存货，它包括：原材料、燃料、包装物、低值

易耗品、在产品、半成品、产成品、商品等。它可分为三大类，如图 3－1 所示：

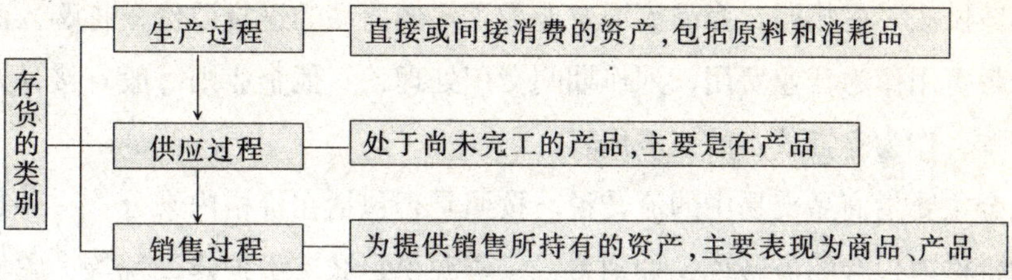

图 3－1　存货的类别

存货的核算中，最主要和最核心的问题一是存货的确认问题，二是计价问题。确认问题涉及何时将存货记录在本公司的账面上。一般的标准是存货所有权的转移，即凡是所有权转入本公司，不论存在何处，都属于本公司的存货。资产负债表上的存货项目反映的是公司当前所拥有或控制的存货数量。存货的计价很有讲究，首先是收入存货的成本，其次是发出存货的成本与期末存货的成本。

1. 收入存货的计价

存货在取得时，应按实际成本入账。收入存货的方式很多，常见的有自制和外购两种。

（1）自制存货的入账价值。自制存货（产成品）的入账价值包括直接材料、直接人工和制造费用。其中，制造费用是工业企业车间管理部门发生的工资及福利费、折旧费、水电费、办公费用、劳保费、修理费等。制造费用是一种间接费用，是为几种产品生产而发生的共同费用，因此，应当按照一定比例在各种产品之间摊销。

（2）外购存货的入账价值。外购存货的入账价值一般包括购货价格、附带成本和税金等。购货价格在这里被定义为已扣除商业折扣但包括现金折扣的存货价格。

附带成本是企业购入存货在入库以前所需要支付的各种费用，其中一部分是外购存货入库以前发生的除价格之外的费用，另一部分是存货入库后至发出前发生的储存保管费用。具体包括包装费、运杂费、运输及存储过程中的保险费等。这些附带成本在理论上均应构成存货的成本，但在会计实务中缺乏可操作性。一般情况下，为了简化核算手续，将存货的后一部分附带成本，即储存保管费用列作期间费用处理，不计入存货成本；而前一部分附带成本，在不同行业的企业中，具体做法不尽相同，商品流通企业为了提供商品的进货原价，将购入商品的这些附带费用作为营业费用，列作期间费用处理，其他企业则一般直接计入相关采购成本，作为存货成本的组成内容。

税金主要指商品交易中的流转税。按照是否包括在价格内来分，一种是价内税，即价格内包含的流转税，如消费税、资源税、城市维护建设税等，它们构成存货的成本；另一种是价外税，如增值税等，应单独进行核算。对小规模纳税企业而言，增值税应计入采购成本。另外，进口货物交纳的关税也要计入成本。

（3）企业接受捐赠的原材料，按以下规定确定其实际成本：

①捐赠方提供了有关凭据（如发票、报关单、有关协议）的，按凭据上标明的金额加上应支付的相关税费，作为实际成本。

②捐赠方没有提供有关凭据的，按如下顺序确定其实际成本：

• 同类或类似存货存在活跃市场的，按同类或类似存货的市场价格估计的金额，加上应支付的相关税费，作为实际成本。

• 同类或类似存货不存在活跃市场的，按接受捐赠的存货的预计未来现金流量现值，作为实际成本。

企业接受捐赠的原材料，按实际成本，借记“原材料”科目，贷记“待转资产价值”，期末，借记“待转资产价值”，按照确定的实际成本与现行税率计算未来应交的所得税，贷记“应交税费”科目，按照确定的实际成本减去应交所得税后的余额，贷记“资本公积”科目。

2. 发出存货与期末存货的计价

发出存货的成本确定比较复杂，但它与期末存货的计价相关。比如，一家企业在一年当中一共进货三次，以单价 100 元购进 1000 件，以单价 150 元购进 1500件，以单价 180 元购进 3000 件，一共销售 3500 件。问题是，发出的 3500 件存货以哪一个或几个单价计算销售成本？同样，余下的存货又以何种单价计价？这便是存货的计价问题。

2006 年颁布的《企业会计准则第 1 号——存货》规定，目前企业可以采用个别计价法、先进先出法和加权平均法进行核算发出存货的成本。

(1) 个别计价法。个别计价法，又称个别认定法、具体辨认法。这一方法是假设存货的成本价值流转与实物流转相一致，按照各种存货，逐一辨认各批发出存货和期末存货所属的购进批别或生产批别，分别按其购入或生产时所确定的单位成本作为计算各批发出存货和期末存货成本的方法。这一方法主要适用于能分清进货件别或批次的库存商品的企业，比如医药销售企业、食品销售企业。

(2) 先进先出法。这一方法是根据先入库的材料先消耗，先入库的商品先出售的假定计价，并根据这种假定的成本流转顺序对发出存货和期末存货计价。采用这一方法计价时，要依次查明有关各批的单价，手续较繁，一般适用于收、发货次数不多的企业。

采用这一方法的结果是：耗用材料或售用商品的成本按存货中早期进货的单价计算，而期末结存材料、商品等则按存货中近期进货的单价计算。

(3) 加权平均法。这种方法是以本期进货数量和期初进货数量之和，除本期进货成本和期初存货成本之和，确定加权平均单价，从而计算发出货品和期末存货成本的一种方法。

3. 新旧准则差异

相对于旧准则，2006年颁布的新准则主要有以下几方面变化：

(1) 取消了后进先出法和移动平均法。取消的原因主要在于后进先出法下成本流与实物流在大多数情况下不一致，而移动平均法计算过于繁琐且无太大必要。企业在确定发出存货的实际成本时，应当采用先进先出法、加权平均法或个别计价法。由于先进先出法更侧重于反映公司长期的经营情况，对于那些生产周期较长、存货较多、周转率较低的上市公司将产生一定的影响。如采用后进先出法的家电公司，由于显像管价格不断下跌，如果改为先进先出法，将导致成本上升，利润下降；而那些以有色金属为原料的公司，由于有色金属的价格不断上涨，如果把后进先出法改为先进先出法，将会增加利润。

(2) 允许因存货而发生的借款费用资本化。对于因存货而发生的借款费用，旧准则的规定是直接计入当期损益；而新准则规定，如果是为生产大型机器设备、船舶等生产周期较长的资产而借入的款项所发生的利息，可根据《企业会计准则第17号——借款费用》的规定，在满足有关条件时予以资本化，计入存货价值。

（3）取消了低值易耗品和包装物的分次摊销法和净值摊销法。规定企业应当采取一次转销法或者五五摊销法对低值易耗品和包装物进行摊销，计入相关资产的成本或者当期损益。

（4）改变了投资者投入存货入账成本的计量。除了按照投资合同或协议约定的价值确定以外，新准则还针对合同或协议约定价值不公允的情况作出了例外性规定，这时应按公允价值确定存货的成本，符合新修订的《公司法》关于"对作为出资的非货币财产应当评估作价，核实财产，不得高估或者低估作价"的规定。

4. 存货核算中常见会计差错

（1）存货发出时选用的计价方法不合理、不适当。存货的计价方法各有其优缺点和适用范围，企业应根据自身实际生产经营管理的需要和实际情况并结合每一种计价方法的特点来选用存货计价方法。但在实际工作中存在一些问题，主要表现是：

①一些材料种类不多、材料管理制度不够健全的小型工业企业选用计划成本对材料进行日常核算，造成材料计划成本的制定缺乏依据和稳定性；而一些材料品种较多的大型工业企业却采用实际成本进行材料的核算，从而增加了核算的工作量，不能适应材料管理和核算的需要。

②采用实际成本核算材料或商品产成品的工商企业，不能根据材料、商品的变动状况、物价走势、管理要求确定合理的存货发出计价方法。如有些企业存货的增减变动比较频繁，品种规格较多，一般应采用加权平均法计算发出成本，但却选用了个别计价法，从而增加了核算工作量，也给业务、仓库等部门的管理工作增加了难度。此类问题主要是由于被查企业没有将自身实际情况与每种计价方法的适用范围、特点结合起来。

③对低值易耗品、包装物等其他存货的领用采用不适当的摊销方法。如一次领用数量较多、价值较大的低值易耗品、包装物时，采用一次摊销法将其价值全部摊入成本或费用中，影响了会计信息的准确性和前后各期的可比性。

（2）随意变更存货的计价方法。根据会计制度规定，企业可以根据自身的需要选用制度所规定的存货计价方法，但选用的方法一经确定，年度内不能随意变更，如确实需要变更，必须在财务报表中说明变更原因及对财务状况的影响。但在实际工作中存在随意变更计价方法的问题，违反了会计的一致性、可比性原则，造成会计指标前后各期口径不一致，缺乏可比性。

实例十：存货盘盈和盘亏处理不出错

小丽负责存货核算，到了年底要进行存货清查盘点，但小丽不知道按照怎样的程序进行。盘盈了就冲销管理费用，盘亏了就计入管理费用中？

难点解析

企业进行存货清查盘点，应当编制“存货盘存报告单”，并将其作为存货清查的原始凭证。经过存货盘存记录的实存数与存货的账面记录核对，若账面存货小于实际存货，为存货的盘盈；反之，为存货的盘亏。对于盘盈、盘亏的存货要记入“待处理财产损溢”科目，查明原因进行处理。

（1）存货的盘盈。企业在财产清查中盘盈的存货，根据“存货盘存报告单”所列金额，编制会计分录如下：

借：原材料

　　周转材料

　　库存商品

　　贷：待处理财产损溢——待处理流动资产损溢

盘盈的存货，通常是由企业日常收发计量或计算上的差错所造成的，其盘盈的存货，可冲减管理费用，按规定手续报经批准后，做会计分录如下：

借：待处理财产损溢——待处理流动资产损溢

　　贷：管理费用

（2）存货的盘亏。企业对于盘亏的存货，根据“存货盘存报告单”编制如下会计分录：

借：待处理财产损溢——待处理流动资产损溢

　　贷：原材料

周转材料

库存商品

对于购进的货物、在产品、产成品发生非正常损失引起的盘亏存货应负担的增值税，应一并转入“待处理财产损溢”科目。

借：待处理财产损溢——待处理流动资产损溢

　　贷：应交税费——应交增值税（进项税额转出）

对于盘亏的存货应根据造成盘亏的原因，分别情况进行转账，属于定额内损耗以及存货日常收发计量上的差错，经批准后转作管理费用 。

借：管理费用

　　贷：待处理财产损溢——待处理流动资产损溢

对于应由过失人赔偿的损失，应做如下分录：

借：其他应收款

　　贷：待处理财产损溢——待处理流动资产损溢

对于自然灾害等不可抗拒的原因而发生的存货损失，应做如下分录：

借：营业外支出——非常损失

　　贷：待处理财产损溢——待处理流动资产损溢

对于无法收回的其他损失，经批准后记入“管理费用”科目：

借：管理费用

　　贷：待处理财产损溢——待处理流动资产损溢

企业存货的清查盘点，可分为定期盘点和不定期盘点两种，定期盘点一般在月末、季末、年终进行；不定期盘点是指临时性的盘点以及发生事故损失、会计交接、存货调价等而进行的盘点清查。企业应当做好存货的清查工作，加强管理，防止存货的呆滞积压或毁损。

知识链接

存货的盘存方法有永续盘存制和定期盘存制两种。

1. 永续盘存制

在永续盘存制中，企业对各个存货项目进行连续记录。因此，这些记录能表明企业在任一时点的存货数量。持续的记录对于编制月度、季度或其他年内财务报表很有帮助。企业可以直接从账面确定期末存货成本和本期销货成本，而不需盘点存货数量，永续盘存制提供了一种高水平的控制。

存货账户余额的计算公式：

存货账户余额 = 期初余额 + 本期增加额 − 本期减少额

在永续盘存制下，存货账户的余额可以提供在任一时点的存货额。

但是永续盘存制的成本过高。过去，企业主要只是对贵重商品采用永续盘存制，如宝石和汽车等。随着会计软件价格的下降，多数企业转向永续盘存制。

计算机系统对存货的会计处理具有革命意义。计算机化的永续盘存制能够提供对管理企业有用的每分钟的存货资料。它们可以准确无误地处理大量业务，降低会计成本。计算机系统还会加强内部控制，它们通过让管理者随时知道企业存货的数量和成本提高了效率。管理者能够就购货数量、购买价格、销售价格以及信用条件等方面做出更好的决策。此外，知道企业存货量有助于保证存货安全。

2. 定期盘存制

在定期盘存制中，企业并不保持存货的连续记录。取而代之的是在期末时，由企业盘点实存数，然后利用单位成本来确定期末存货成本。这一存货数据会出现在资产负债表中。同时，它还用于计算销货成本。定期盘存制由于需要依靠实地盘点，也被称作实地盘点制。定期盘存制主要用于对单位成本较低的存货项目进行会计处理。低成本存货项目不值得花费太多以保留其结存的连续记录。为有效使用定期盘存制，企业经理必须能够通过目测来控制存货。例如，当顾客询问企业有多少存货时，经理能够估量出库房的存货数量。

在定期盘存制中，企业在购货账户中记录存货的购买。存货账户是从上期期末结转过来的期初余额。直到期末，为编制财务报表，存货账户才必须调整至结账日的金额。为此，先需作一笔日记账分录和扣除存货的期初余额，即贷记“存货”，借记“收益汇总”。第二笔分录是按存货的实地盘存数，记录期末余额，借记“存货”，贷记“收益汇总”。这些分录既可作为结账分录，也可作为调整分录。

企业的存货品种多，收发频繁，在日常的存货收发、保管过程中，由于种种原因，如计量错误、检验疏忽、管理不善、自然损耗、核算错误、偷窃、贪污等会造成存货账实不符。

发生盘亏和毁损的存货，批准前先转至“待处理财产损益”科目，批准后再根据造成亏损的原因，分别情况进行账务处理。

（1）属于自然损耗产生的定额内合理的亏损，经批准后转作管理费用。

（2）属于超定额短缺以及存货毁损，能确定过失人的应由过失人负责赔偿；属于保险责任范围的，应向保险公司索赔，扣除过失人或保险公司赔款和残料价值后，计入管理费用。

（3）属于非正常损失造成的毁损，扣除保险公司赔款和残料价值后，计入营业外支出。

3. 存货盘存控制制度

一项有效的存货控制制度往往将永续盘存和实地盘存制度相结合运用，即平时要求保持良好的永续盘存记录，同时规定进行必要的定期和分批的实地盘点，以防止永续盘存制下账存数和实存数可能存在不相符的情况。

在永续盘存制下，各种库存存货的明细账应按每一品种规格设置，仓储部门保管账的设置应同会计部门存货明细账相协调，以便两部门相互核对控制。会计部门存货明细账应逐笔或逐日登记收入和发出数，并随时计列其结存数量。同时还应对存货金额进行登记，实行数量和金额双重控制。仓储部门存货保管账应由记账员根据收、发货单登记收发数量，进行数量控制。存货明细账应同存货保管账定期相互核对，以随时反映库存情况和保护存货安全。明细账同实物保管账之间应定期核对，对于差异应调查原因。

在采用永续盘存制的同时，企业应对存货进行定期盘点，事先制定盘点计划，盘点计划内容应包括：

（1）盘点时间。存货盘点可以选择在企业员工休假期间、由于某种原因生产停工期间、存货量的低水平期间、年末或资产负债表编制日前某一个月底进行。

(2) 盘点参与人员。盘点是整个企业的一件大事，各级领导、有关人员，包括供应、存储、财务、生产等部门的有关人员都应参与。

(3) 存货停止流动。为了保证存货数量的准确，盘点时，企业各库房、各车间的存货必须停止流动，并分类摆放。

(4) 编制连续编号的盘点标签或填写盘点清单。有条件的还应绘制存货摆放示意图，规划盘点路线。

(5) 召开盘点预备会议，将盘点计划或指令贯彻到每一个参与人员。

上述盘点人员盘点后，企业应根据实际情况组织独立的小组，在盘点标签尚未取下之前，按照一定的比例进行复盘抽点。在比较抽点结果与盘点单上的记录时，不仅要核对数量，还应核对存货的编号、品种、规格及产品品质等。在抽点在产品时，还应关注其完工程度是否适当。抽点如发现差异，除应督促更正外，还应扩大抽点范围，如发现差错过大，则应要求重新盘点。

实例十一：固定资产和无形资产

1. 固定资产取得处理不出错

小王的单位新购车一辆，他不知道是否应该把购车款、附加费、牌照费、保险金、税金一并计入固定资产。如果全部计入固定资产，那么折旧年限怎么算？应该是几年？

2. 折旧年限变更处理不出错

小王所在的公司 2005 年 12 月 31 日购入一台管理用设备，原始价值 168 000 元，原会计估计使用年限为 8 年，预计净残值为 8000 元，按直线法计提折旧，由于技术因素以及更新办公设施的原因，已不能继续按原定使用年限计提折旧，于 2010 年 1 月 1 日将该设备的折旧年限改为 6 年，预计净残值为4000元，该公司的管理用设备已计提折旧 4 年，累计折旧 80 000 元，固定资产净值 88 000 元，从 2010 年 1 月 1 日起，改按新的使用年限计提折旧，那么每月折旧费用是多少？

3. 固定资产报废处理不出错

小王负责的固定资产账上有一辆小轿车报废，正好提足了折旧，他打算做账的分录为：

借：累计折旧

　　贷：固定资产

这种做法合理吗？

4. 电脑软件折旧处理不出错

财务部门半年前购入了两台电脑，随机购入了一些必备办公软件 Windows、Office 等，当时和电脑一起作为固定资产进行了处理。这个月财务部门又购入了一套财务软件，价值 5000 元，小王欲追加原来电脑的价值，也计入固定资产。请问这样处理正确吗？

难点解析

1. 固定资产的初始成本

固定资产的成本包括购买价款、相关税费、使固定资产达到预定可使用状态前所发生的可归属于该项资产的运输费、装卸费、安装费和专业人员服务费等。只要是在上好汽车牌照、可以正式使用前发生的支出，均可计入该项汽车的价值中。

汽车的折旧年限一般是5年，关于净残值，目前会计实务中运用较多的是：内资企业按5%，外资企业按10%，因为这个标准与相应的企业所得税规定一致，可以减少年底纳税调整的工作量，同时，这些数据基本与实际情况也相符合，所以可直接采用。

2. 固定资产折旧年限变更处理

固定资产折旧年限变更一般采用未来适用法，即对以前已提的折旧不再追溯调整，按照剩余净值、重新确定的净残值和剩余折旧年限确定折旧额。承上例，每月应提折旧为(88 000 - 4000) ÷ 2 ÷ 12 = 3500(元)。

3. 固定资产报废处理

固定资产报废应该通过“固定资产清理”科目，所以直接将累计折旧和固定资产对冲是不合理的。

4. 计算机软件的折旧处理

对购入的软件怎样处理，要区分软件购入的时间。如果该软件是随同计算机一并购买的，可以一并在固定资产科目中核算，一并折旧；如果该软件是单独购买的，作为无形资产核算，一般在5～10年的时间内摊销即可。所以，小王的处理不正确。

知识链接

1. 固定资产的确认

固定资产，是指同时具有下列特征的有形资产：

（1）为生产商品、提供劳务、出租或经营管理而持有的。

（2）使用寿命超过一个会计年度。使用寿命，是指企业使用固定资产的预计期间，或者该固定资产所能生产产品或提供劳务的数量。

固定资产同时满足下列条件的，才能予以确认：

（1）与该固定资产有关的经济利益很可能流入企业。

（2）该固定资产的成本能够可靠地计量。

固定资产的各组成部分具有不同使用寿命或者以不同方式为企业提供经济利益，适用不同折旧率或折旧方法的，应当分别将各组成部分确认为单项固定资产。

与固定资产有关的后续支出，满足上述固定资产的确认条件的，应当计入固定资产成本；不符合上述固定资产的确认条件的，应当在发生时计入当期损益。

企业持有的固定资产原价，通过“固定资产”科目进行核算。建造承包商的临时设施以及企业购置计算机硬件所附带的、未单独计价的软件，也通过本科目核算。本科目可按固定资产类别和项目进行明细核算。融资租入的固定资产，可在本科目设置“融资租入固定资产”明细科目。本科目期末借方余额，反映企业固定资产的原价。

2. 固定资产折旧

固定资产折旧年限一般由企业根据资产的使用状态，经济寿命以及资产的使用强度综合制定即可，即在会计核算上，固定资产的具体折旧年限上，企业是有一定的自主权的，但在税法上，固定资产有一个最低年限的规定：

（1）房屋、建筑物为 20 年。

（2）火车、轮船、机器、机械和其他生产设备为10年。

（3）电子设备和火车、轮船以外的运输工具以及与生产经营有关的器具、工具、家具等为5年。

表3－1是商品流通企业固定资产分类折旧年限表。

表3－1　　商品流通企业固定资产分类折旧年限表

一、通用设备分类	折旧年限
1. 机械设备	10～14年
2. 动力设备	11～18年
3. 传导设备	15～28年
4. 动输设备	8～14年
5. 自动化、半自动化控制设备	8～12年
电子计算机	4～10年
空调器、空气压缩机、电气设备	10～15年
通用测试仪器设备	7～12年
传真机、电传机、移动无线电话	5～10年
电视机、复印机、文字处理机	5～8年
音响、录（摄）像机	10～15年
二、专用设备分类	折旧年限
1. 营业柜台、货架	3～6年
2. 加工设备	10～15年
3. 油池、油罐	4～14年
4. 制冷设备	10～15年
5. 粮油原料整理筛选设备	6～10年
6. 小火车	6～12年

续表

7. 烘干设备	6～10年
8. 酱油、醋、酱、腌菜腐蚀性严重的设备和废旧物资加工设备	4～8年
9. 库（厂）内铁路专用线	10～14年
10. 地磅	7～12年
11. 吊动机械设备	8～14年
12. 消防安全设备	4～8年
13. 其他经营用设备及器具	15～20年
三、房屋、建筑物分类	折旧年限
1. 经营用房、仓库	
钢结构	35～45年
钢筋混凝土结构	30～35年
钢筋混凝土砖结构	25～30年
砖木结构	20～30年
危险物品专用仓库	20～25年
2. 简易房	8～10年
围墙	4～8年
烘干塔	12～17年
地坪、晒场、晒台、货场	5～10年
3. 其他建筑物	10～20年

3. 固定资产的初始计量

固定资产应当按照成本进行初始计量。外购固定资产的成本，包括购买价款、相关税费、使固定资产达到预定可使用状态前所发生的可归属于该项资产的运输费、装卸费、安装费和专业人员服务费等。固定资产的初始计量要与原材料的初始计量包含的内容不同。

以一笔款项购入多项没有单独标价的固定资产，应当按照各项固定资产公允价值比例对总成本进行分配，分别确定各项固定资产的成本。

4. 固定资产取得的账务处理

（1）企业购入不需要安装的固定资产，按应计入固定资产成本的金额，借记“固定资产”科目，贷记“银行存款”等科目。

购入需要安装的固定资产，先记入“在建工程”科目，达到预定可使用状态时再转入“固定资产”科目。

购入固定资产超过正常信用条件延期支付价款、实质上具有融资性质的，按应付购买价款的现值，借记“固定资产”科目或“在建工程”科目，按应支付的金额，贷记“长期应付款”科目，按其差额，借记“未确认融资费用”科目。

【例3-5】 2010年4月9日，某公司购置一套设备，价值30 000元，该设备不需要安装即可使用。该公司还支付了300元运输费用和5100元的增值税。款项已支付。该项业务的账务处理为：

借：固定资产　　35 400

　　贷：银行存款　　35 400

如果这套设备购入后需要安装才能使用，该公司用现金支付了500元安装调试费。账务处理为：

购入时：

借：在建工程　　35 400

　　贷：银行存款　　35 400

支付安装调试费时：

借：在建工程　　500

　　贷：库存现金　　500

安装完毕投入使用时：

借：固定资产　　35 900

　　贷：在建工程　　35 900

【例3-6】 某企业购入一台需要安装的设备，取得的增值税专用发票上注明的设备买价为50 000元，增值税税额为8500元，支付的运输费为1000元，安装设备时，领用材料物资价值1500元，购进该批材料时支付的增值税额为255元，支付安装人员的工资 2500 元。账务处理为：

支付设备价款、税费、运输费用合计 59 500 元：

借：在建工程　　59 500

　　贷：银行存款　　59 500

领用安装材料，支付工资费用时：

借：在建工程　　4255

　　贷：原材料　　1500

　　　　应交税费——应交增值税（进项税额转出）　　255

　　　　应付职工薪酬——工资　　2500

设备安装完毕交付使用，确定固定资产的入账价值：

59 500 + 4255 = 63 755（元）

借：固定资产　　63 755

　　贷：在建工程　　63 755

（2）自行建造达到预定可使用状态的固定资产，借记“固定资产”科目，贷记“在建工程”科目。

已达到预定可使用状态、但尚未办理竣工决算手续的固定资产，应按估计价值入账，待确定实际成本后再进行调整。

【例 3－7】 2010 年 1 月 1 日，甲企业开始自行建造某固定资产。2010 年 9 月 10 日，该项固定资产完工，“在建工程”账面余额为 200 000 元，在办理竣工决算手续时发生费用 10 000 元。10 月 1 日，该项固定资产竣工手续完毕，并投入使用。甲企业作账务处理为：

固定资产完工时，按“在建工程”账面余额估价入账：

借：固定资产　　200 000

　　贷：在建工程　　200 000

竣工手续办理完毕时：

借：固定资产　　10 000

　　贷：银行存款　　10 000

（3）融资租入的固定资产，在租赁期开始日，按应计入固定资产成本的金额（租赁开始日租赁资产公允价值与最低租赁付款额现值两者中较低者，加上初始直接费用），借记“固定资产”科目或“在建工程”科目，按最低租赁付款额，贷记“长期应付款”科目，按发生的初始直接费用，贷记“银行存款”等科目，按其差额，借记“未确认融资费用”科目。

租赁期届满，企业取得该项固定资产所有权的，应将该项固定资产从“融资租入固定资产”明细科目转入有关明细科目。

【例3-8】甲公司融资租入乙公司的设备一台（不需要安装），协议标明价款500 000元，运输费用和保险费6000元，每月租金5000元。其会计分录为：

借：固定资产——融资租入固定资产　　506 000

　　贷：长期应付款——乙公司　　506 000

按月支付租金时，通过银行存款付款：

借：长期应付款——乙公司　　5000

　　贷：银行存款　　5000

【例3-9】A企业接受某科研单位捐赠的设备一台（不需要安装），确认原值300 000元，估计净值170 000元。其会计分录为：

借：固定资产　　300 000

　　贷：资本公积　　170 000

　　　　累计折旧　　130 000

5. 固定资产清理的核算

企业因出售、报废、毁损、对外投资、非货币性资产交换、债务重组等原因转出的固定资产价值以及在清理过程中发生的费用等，通过“固定资产清理”科目核算。本科目可按被清理的固定资产项目进行明细核算。本科目期末借方余额，反映企业尚未清理完毕的固定资产清理净损失。

固定资产清理的主要账务处理：

（1）企业因出售、报废、毁损、对外投资、非货币性资产交换、债务重组等转出的固定资产，按该项固定资产的账面价值，借记“固定资产清理”科目，按已计提的累计折旧，借记“累计折旧”科目，按其账面原价，贷记“固定资产”科目。已计提减值准备的，还应同时结转减值准备。

（2）清理过程中应支付的相关税费及其他费用，借记“固定资产清理”科目，贷记“银行存款”、“应交税费——应交营业税”等科目。收回出售固定资产的价款、残料价值和变价收入等，借记“银行存款”、“原材料”等科目，贷记“固定资产清理”科目。应由保险公司或过失人赔偿的损失，借记“其他应收款”等科目，贷记“固定资产清理”科目。

（3）固定资产清理完成后，属于生产经营期间正常的处理损失，借记“营业外支出——处置非流动资产损失”科目，贷记“固定资产清理”科目；属于自然灾害等非正常原因造成的损失，借记“营业外支出——非常损失”科目，贷记“固定资产清理”科目。如为贷方余额，借记“固定资产清理”科目，贷记“营业外收入”科目。

【例3－10】某企业有旧厂房一栋，原值450 000元，已计提折旧435 000元，因使用期满经批准报废。在清理过程中，以银行存款支付清理费用12 700元，拆除的残料一部分作价15 000元，由仓库收作维修材料，另一部分变卖收入6800元存入银行。假定不考虑其他有关税费。该企业的账务处理为：

固定资产转入清理：

借：固定资产清理	15 000	
累计折旧	435 000	
贷：固定资产		450 000

支付清理费用时：

借：固定资产清理	12 700	
贷：银行存款		12 700

材料入库并收到变价收入时：

借：原材料	15 000	
银行存款	6800	
贷：固定资产清理		21 800

结转固定资产清理净损益：

借：营业外支出——处置非流动资产损失	5 900	
贷：固定资产清理		5 900

6. 新旧会计准则关于无形资产规定的比较

（1）适用范围的变化。旧准则规定，商誉是不可辨认无形资产，并规定该准则不适用企业合并中产生的商誉。新准则明确规定本准则不适用于商誉，且也不适用于作为投资性房地产的土地使用权和石油天然气矿区权益。

（2）定义的变化。旧准则规定，无形资产是指没有实物形态的非货币性长期资产，无形资产分为可辨认无形资产和不可辨认无形资产。新准则规定无形资产是指没有实物形态的可辨认无形资产，不再将无形资产区分为可辨认与不可辨认，商誉不再是无形资产。

（3）无形资产确认的变化。旧准则规定，“企业为首次发行股票而接受投资者投入的无形资产，应以该无形资产在投资方的账面价值作为入账价值。”这条规定使企业可以按投资双方协议的价格将无形资产入账，增加企业的资产和权益。新准则取消上述原则，并规定“按照投资合同或协议约定的价值确定，但合同或协议约定价值不公允的除外”。

（4）研究与开发费用的费用化和资本化会计处理的修订。旧准则规定，“企业自行开发并依法申请取得的无形资产，其入账价值应按依法取得时发生的注册费、律师费等费用确定；依法申请前发生的研究与开发费用，应于发生时确认为当期费用。”新准则对研究开发费用进行了修订，对于开发过程中的费用如果符合相关条件就可以资本化。这就要求企业能正确划分研究与开发两个阶段，才能正确确定费用化与资本化的支出。

（5）增加不确定使用寿命无形资产的相关规定。旧准则未规定无使用寿命的无形资产的会计处理。新准则对其进行了规定，“使用寿命不确定的无形资产是指该无形资产无法预见其为企业带来的经济利益，对于使用寿命不确定的无形资产，不进行摊销，只计提减值。”这可能改变企业的资产和损益情况。

（6）无形资产摊销的变化。

①旧准则未规定预计净残值的确认标准，新准则对其进行了规定。

②旧准则采用“分期平均摊销”，新准则提出“按照反映与该项无形资产有关的经济利益的预期实现方式进行摊销，无法可靠确定预期实现方式的，应当采用直线法摊销。”

③旧准则规定，企业的无形资产按法律或合同规定的年限摊销。新准则提出“自无形资产可供使用时起，至不再作为无形资产确认时止的有限使用寿命内摊销。”

（7）无形资产减值。新会计准则增加了资产减值准则，并规定无形资产减值准备不得转回。

实例十二：应付职工薪酬

1. 应付职工薪酬计提不出错

2006年颁布的新会计准则取消了“应付工资”和“应付福利费”科目，增加了“应付职工薪酬”科目，这让刚到公司不久的小孙心里没了谱儿。“应付职工薪酬”就等于原来的“应付工资”和“应付福利费”之和吗？

2. “三险一金”处理不出错

“三险一金”是指养老保险、失业保险、医疗保险和住房公积金，是国家规定必须为员工缴纳的福利。

难点解析

1. 应付职工薪酬的范围

2006年颁布的新准则中的应付职工薪酬不是原准则应付工资和应付福利费的简单相加。

（1）职工。职工是指与企业订立劳动合同的所有人员，含全职、兼职和临时职工；也包括虽未与企业订立劳动合同但由企业正式任命的人员，如董事会成员、监事会成员等。在企业的计划和控制下，虽未与企业订立劳动合同或未由其正式任命，但为其提供与职工类似服务的人员，也纳入职工范畴，如劳务用工合同人员。

（2）职工薪酬。包括企业为职工在职期间和离职后提供的全部货币性薪酬和非货币性福利。提供给职工配偶、子女或其他被赡养人的福利等，也属于职工薪酬。

（3）养老保险费。包括根据国家规定的标准向社会保险经办机构缴纳的基本养老保险费以及根据企业年金计划向企业年金基金相关管理人缴纳的补充养老保险费。以购买商业保险形式提供给职工的各种保险待遇，也属于职工薪酬。

（4）非货币性福利。包括企业以自产产品发放给职工作为福利、将企业拥有的资产无偿提供给职工使用、为职工无偿提供医疗保健服务等。

（5）辞退福利。即与职工解除劳动合同应付给职工的补偿性福利。详细内容见知识链接部分。

2. “三险一金”的计提

“三险一金”一般是指基本养老保险、医疗保险、失业保险和住房公积金，由单位和职工个人共同承担。其计提基数一般是该员工上年的平均工资，假如该员工上一年平均工资是2 500元：

（1）个人承担的部分。个人承担的养老保险比例是 8%，失业保险比例是 0.5%，医疗保险比例是 2%，住房公积金比例是 8%，那应该从其工资中代扣：

养老保险：2 500 × 8% = 200（元）

失业保险：2 500 × 0.5% = 12.5（元）

医疗保险：2 500 × 2% = 50（元）

住房公积金：2 500 × 8% = 200（元）

如果假定该员工该月工资是 3 000 元，则会计分录是：

借：应付职工薪酬	3 000	
贷：其他应付款——社保费		262.5
——住房公积金		200
应交税费——应交个人所得税		68.75
银行存款		2 468.75

68.75 = (3 000 − 262.5 − 200 − 1 600) × 10% − 25

（2）单位承担的部分。单位承担的比例（该比例仅供参考，各省市可能有一个幅度，在具体核算时建议先咨询当地社保部门）：

养老保险：20%

失业保险：1.5%

医疗保险：10%

住房公积金：8%

上述保险中，除医疗保险在应付福利费科目中核算外，其他的保险在管理费用科目核算：

借：管理费用　　537.5

　　应付职工薪酬——福利费(医疗保险)[外资企业不计提员工福利费，故该支出也在管理费用科目中核算]　　250

　　贷：其他应交款　　787.5

537.5 = 2 500 × (20% + 1.5%)

250 = 2 500 × 10%

知识链接

1. 职工薪酬的确认和计量

在职工为企业提供服务的会计期间，企业应根据职工提供服务的受益对象，将应确认的职工薪酬（包括货币性薪酬和非货币性福利）计入相关资产成本或当期损益，同时确认为应付职工薪酬，但解除劳动关系补偿（下称“辞退福利”）除外。

（1）计提应付职工薪酬时，国家规定了计提基础和计提比例的，应当按照国家规定的标准计提。

比如，应向社会保险经办机构等缴纳的医疗保险费、养老保险费（包括根据企业年金计划向企业年金基金相关管理人缴纳的补充养老保险费）、失业保险费、工伤保险费、生育保险费等社会保险费，应向住房公积金管理机构缴存的住房公积金以及工会经费和职工教育经费等。

没有规定计提基础和计提比例的，企业应当根据历史经验数据和实际情况，合理预计当期应付职工薪酬。当期实际发生金额大于预计金额的，应当补提应付职工薪酬；当期实际发生金额小于预计金额的，应当冲回多提的应付职工薪酬。

对于在职工提供服务的会计期末以后一年以上到期的应付职工薪酬，企业应当选择恰当的折现率，以应付职工薪酬折现后的金额计入相关资产成本或当期损益；应付职工薪酬金额与其折现后金额相差不大的，也可按照未折现金额计入相关资产成本或当期损益。

（2）企业以其自产产品作为非货币性福利发放给职工的，应当根据受益对象，按照该产品的公允价值，计入相关资产成本或当期损益，同时确认应付职工薪酬。

将企业拥有的房屋等资产无偿提供给职工使用的，应当根据受益对象，将该住房每期应计提的折旧计入相关资产成本或当期损益，同时确认应付职工薪酬。租赁住房等资产供职工无偿使用的，应当根据受益对象，将每期应付的租金计入相关资产成本或当期损益，并确认应付职工薪酬。难以认定受益对象的非货币性福利，直接计入当期损益和应付职工薪酬。

2. 辞退福利

（1）辞退福利包括的内容。

①职工劳动合同到期前，不论职工本人是否愿意，企业决定解除与职工的劳动关系而给予的补偿。

②职工劳动合同到期前，为鼓励职工自愿接受裁减而给予的补偿，职工有权选择继续在职或接受补偿离职。

辞退福利通常采取在解除劳动关系时一次性支付补偿的方式，也有通过提高退休后养老金或其他离职后福利的标准，或者将职工工资支付至辞退后未来某一期间的方式。

（2）满足《企业会计准则第 9 号——职工薪酬》第六条确认条件的解除劳动关系计划或自愿裁减建议的辞退福利应当计入当期管理费用，并确认应付职工薪酬。

正式的辞退计划或建议应当经过批准。辞退工作一般应当在一年内实施完毕，但因付款程序等原因使部分款项推迟至一年后支付的，视为符合应付职工薪酬的确认条件。

（3）企业应当根据《企业会计准则第 9 号——职工薪酬》和《企业会计准则第 13 号——或有事项》的规定，严格按照辞退计划条款的规定，合理预计并确认辞退福利产生的应付职工薪酬。对于职工没有选择权的辞退计划，应当根据辞退计划条款规定的拟解除劳动关系的职工数量、每一职位的辞退补偿标准等，计提应付职工薪酬。

企业对于自愿接受裁减的建议，应当预计将会接受裁减建议的职工数量，根据预计的职工数量和每一职位的辞退补偿标准等，按照《企业会计准则第13号——或有事项》规定，计提应付职工薪酬。

符合应付职工薪酬准则规定的应付职工薪酬确认条件、实质性辞退工作在一年内完成、但付款时间超过一年的辞退福利，企业应当选择恰当的折现率，以折现后的金额计提应付职工薪酬。

3. 应付职工薪酬的核算

为了核算企业应付给职工的各种薪酬，在会计科目上应设置“应付职工薪酬”为一级科目，使用本科目时需注意：

（1）本科目主要核算企业根据有关规定应付给职工的各种薪酬，外商投资企业按规定从净利润中提取的职工奖励及福利基金，也在本科目核算。

（2）本科目应当按照“工资”、“职工福利”、“社会保险费”、“住房公积金”、“工会经费”、“职工教育经费”、“解除职工劳动关系补偿”、“股份支付”等应付职工薪酬项目进行明细核算。

（3）“应付职工薪酬”的主要账务处理。

①企业按照有关规定向职工支付工资、奖金、津贴等，借记本科目，贷记“银行存款”、“库存现金”等科目。

企业从应付职工薪酬中扣还的各种款项（代垫的家属药费、个人所得税等），借记本科目，贷记“其他应收款”、“应交税费——应交个人所得税”等科目。

企业向职工支付职工福利费，借记本科目，贷记“银行存款”、“库存现金”等科目。

企业支付工会经费和职工教育经费用于工会经费和职工培训，借记本科目，贷记“银行存款”等科目。

企业按照国家有关规定缴纳社会保险费和住房公积金，借记本科目，贷记

“银行存款”科目。

企业因解除与职工的劳动关系向职工给予的补偿，借记本科目，贷记“银行存款”、“库存现金”等科目。

企业支付租赁住房等资产供职工无偿使用所发生的租金，借记本科目，贷记“银行存款”等科目。

在行权日，企业以现金与职工结算股份支付，借记本科目，贷记“银行存款”、“库存现金”等科目。

②企业应当根据职工提供服务的受益对象，对发生的职工薪酬分别以下情况进行处理。

生产部门人员的职工薪酬，借记“生产成本”、“制造费用”、“劳务成本”科目，贷记本科目。

管理部门人员的职工薪酬，借记“管理费用”科目，贷记本科目。

销售人员的职工薪酬，借记“销售费用”科目，贷记本科目。

应由在建工程、研发支出负担的职工薪酬，借记“在建工程”、“研发支出”科目，贷记本科目。

因解除与职工的劳动关系给予的补偿，借记“管理费用”科目，贷记本科目。

无偿向职工提供住房等资产使用的，按应计提的折旧额，借记“管理费用”等科目，贷记本科目；同时，借记本科目，贷记“累计折旧”科目。

租赁住房等资产供职工无偿使用的，每期应支付的租金，借记“管理费用”等科目，贷记本科目。

在等待期内每个资产负债表日，根据股份支付准则确定的金额，借记“管理费用”等科目，贷记本科目。

在可行权日之后，根据股份支付准则确定的金额，借记或贷记“公允价值变动损益”科目，贷记或借记本科目。

外商投资企业按规定从净利润中提取的职工奖励及福利基金，借记“利润分配——提取的职工奖励及福利基金”科目，贷记本科目。

（4）本科目期末贷方余额，反映企业应付职工薪酬的结余。

【例3－11】某企业2010年2月提取现金85 640元用于发放工资，企业为职工垫付的扣款项目为：储蓄存款、托儿费、饭票、房租水电等合计为9560元，实发工资为76 080元，该公司账务处理如下：

提取现金准备发放工资时：

借：库存现金　76 080

　贷：银行存款　76 080

发放工资时：

借：应付职工薪酬——工资　85 640

　贷：其他应收款　9 560

　　库存现金　76 080

【例3－12】某公司本月支付工资总额30 000元，该公司账务处理如下：

借：应付职工薪酬——工资　30 000

　贷：库存现金　30 000

【例3－13】某公司本月代扣个人所得税4500元，该公司账务处理如下：

借：应付职工薪酬——代扣个人所得税　4500

　贷：应交税费——应交个人所得税　4500

【例3－14】A公司为一家生产制造型企业，该车间本月发生直接人工支出5000元，职工福利按工资总额的14%提取，该公司账务处理如下：

借：制造费用　5700

　贷：应付职工薪酬——工资　5000

　　——职工福利　700

【例3－15】某公司本月应付医疗保险2500元，应付社会保险7500元，该公司账务处理如下：

借：管理费用　10 000

　贷：应付职工薪酬——医疗保险费　2500

　　——社会保险费　7500

【例3－16】B公司本月应付工资总额为20 000元，其中从工资总额中提取工会经费400元（按工资总额的2%提取），职工教育经费300元（按工资总额的1.5%提取)，该公司账务处理如下：

借：管理费用　　700

　　贷：应付职工薪酬——工会经费　　400

　　　　　　　　　　——职工教育经费　　300

【例3-17】某公司因解除与职工的劳动关系向职工给予的补偿3000元，用现金支付，做账务处理如下：

借：应付职工薪酬——辞退补偿　　3000

　　贷：库存现金　　3000

【例3-18】某企业2010年3月提取现金50 000元发放工资，月份终了，分配本月应付工资总额并计提福利费。其中，生产工人工资30 000元，车间管理人员工资10 000元，在建工程人员工资7700元，工会人员工资2300元，另支付退休人员退休费5000元，支付职工困难补助1200元、医药费800元，账务处理如下：

提取现金准备发工资时：

借：库存现金　　50 000

　　贷：银行存款　　50 000

发放工资时：

借：应付职工薪酬——工资　　50 000

　　贷：库存现金　　50 000

支付退休人员工资时：

借：管理费用　　5000

　　贷：库存现金　　5000

月终分配工资费用时：

借：生产成本　　30 000

　　管理费用　　12 300

　　在建工程　　7700

　　贷：应付职工薪酬——工资　　50 000

提取职工福利费时：

借：生产成本　　(30 000 × 14%) 4200

　　管理费用　　(12 300 × 14%) 1722

　　在建工程　　(7700 × 14%) 1078

　　贷：应付职工薪酬——职工福利　　7000

支付职工困难补助 1200 元、医药费 800 元，作会计分录：

借：应付职工薪酬——职工福利　　2000

　　贷：库存现金　　2000

实例十三：成本费用

1. 营运成本核算不出错

货物运输的车辆燃料费、过路费、停车费、住宿费是记入“营运成本”科目还是记入“营业费用”科目？

2. 原材料费用核算不出错

主要生产用原材料A出库后到月底还没有出成品，也不知道具体生产的产品是哪种型号，应怎么记账？小王做了如下的处理：

借：生产成本——A

　　贷：原材料——A

小王的处理正确吗？还有更好的方法吗？

3. 废品损失核算不出错

对于生产过程中产生的废品，会计小孙认为，如果是可以低价销售的，因为废品处理只是单位偶然发生的，不是单位的一项正常业务，所以应计入营业外收入，但小孙不知道应该依据什么单据入账。

难点解析

1. 营运成本和营业费用

货物运输的车辆燃料费，在“原材料——燃料”中核算，月末根据实际耗用，借记“运输支出”等科目，贷记本科目。过路费、停车费、住宿费要记入“间接运营费用”科目。

2. 原材料费用核算

小王的处理基本上正确。

不过，如果生产成本的明细子目按具体的车间、班组或者生产线设置，例如设置为“生产成本——基本生产成本——甲车间××班组（直接材料）”，则账务更为清晰，也有利于下月的相应核算。

3. 废品损失处理

（1）对于生产过程中产生的废品损失处理，目前有两种做法。

①直接冲减生产成本。企业在销售生产过程中的废品而取得收入时，作会计分录：

借：库存现金、银行存款、其他应收款

　　贷：生产成本

　　　　应交税费——应交增值税（销项税额）

②记入其他业务收入。

作会计分录：

借：库存现金、银行存款、其他应收款

　　贷：其他业务收入

　　　　应交税费——应交增值税（销项税额）

• 对于上述两种做法，理论上说，①是最佳答案，但实务中，也有②的处理。

• 这两种方法的处理其实对损益的影响是一样的：第一种做法冲减了生产成本，相应的库存商品的金额就会减少，相应的销售成本也就减少，公司利润将是增加；第二种做法直接贷记“其他业务收入”，本身就是一项应税收益，故也是增加公司的利润。

• 这两种方法均要依法计缴销项税，所以，在增值税的计算上也是一样的。

（2）记账依据。

①原始单据是废品销售的清单以及收到款项的收款收据或者银行回单。

②这里一般应该开普通的销售发票给购买方。

知识链接

1. 成本核算的一般程序

（1）审核各种费用凭证，将发生的费用按发生的地点和用途进行归集和分配。企业财会人员要根据企业会计制度及成本开支范围的规定审核各种费用凭证，确定发生的费用是否应当计入产品成本或是期间费用，同时运用权责发生制原则分清费用归属期间。对属于本期的生产费用，按费用发生的地点和用途分别记入“生产成本——基本生产成本（×产品）”、“生产成本——辅助生产成本（××辅助生产车间）”和“制造费用——××车间”等账户。对属于本期的期间费用，按期间费用的性质和内容分别记入“管理费用”、“销售费用”和“财务费用”等账户。对属于本期支付，后期负担的成本费用，则按其摊销期的长短分别记入“预付账款”或“长期待摊费用”等账户。对属于本期负担，后期支付的费用，记入“预收账款”账户。

（2）分配辅助生产费用。“生产成本——辅助生产成本”各明细账户归集了各个辅助生产车间本期发生的生产费用（包括通过“制造费用”账户归集并分配转入的辅助生产成本的制造费用），形成了各种辅助生产成本或辅助生产劳务成本。对归集的各项辅助生产费用，应当以受益产品或部门的受益程度为标准，采用一定的分配方法于月末进行分配，并将属于成本费用的辅助生产费用分别记入“生产成本——基本生产成本”、“制造费用——××基本生产车间”、“销售费用”和“管理费用”等账户。

（3）分配基本生产车间的制造费用。各个基本生产车间归集的“制造费用”，应当在月末按照一定的分配标准进行分配，记入“生产成本——基本生产成本（××产品）”账户，以使各个产品成本明细账户归集本期发生的全部生产费用。

（4）确定月末在产品应负担的生产费用。月末，如果存在未完工产品，需要按照在产品的数量、产品成本的构成、投料的方式以及在产品的完工程度等具体情况，运用一定的方法，将产品成本明细账归集的全部生产费用（包括月初在产品负担的生产费用与本期发生的生产费用），在完工产品与月末在产品之间进行分配，确定月末在产品应负担的生产费用，形成月末在产品成本。

（5）计算完工产品总成本与单位成本。各个产品成本明细账户所归集的全部生产费用，扣除月末在产品成本后，形成本期完工产品的总成本。用完工产品总成本除以完工产品的数量，计算出完工产品的单位成本。

产品成本核算账务处理的基本程序如图 3－2 所示。

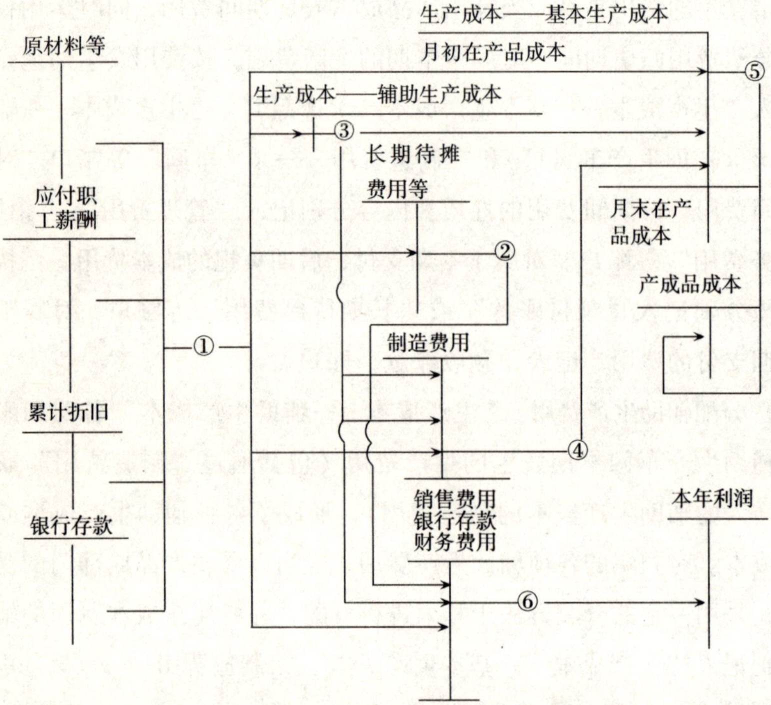

图 3－2　产品成本核算账务处理基本程序

说明：①各项要素费用的分配。

②长期待摊费用。

③分配辅助生产费用。

④分配制造费用。

⑤结转完工产品成本。

⑥结转各项期间费用。

2. 原材料费用的分配与核算

（1）原材料费用的分配方法。企业生产经营过程中领用的各种原料及主要材料，应根据审核后的领、退料凭证，按照材料的用途归集。月末，财会部门根据审核无误的“领用材料汇总表”编制记账凭证。对于可以明确确定成本计算对象的直接材料记入“生产成本”账户及其有关的明细账的“原材料”项目；对于不能按照产品品种分别领用，而是由几种产品共同耗用的原料及主要材料费用，属于间接计入费用，则应采用既合理又简便的分配方法，在各种产品之间进行分配，再记入各种产品成本的“直接材料”成本项目。原材料费用的分配标准很多，如产品的重量、体积、售价、长度等，具体方法主要有原料定额费用分配法和原材料实际耗用量分配法等。

①原材料定额耗用量分配法。原材料定额耗用量是指企业生产一定数量的产品，按事先核定的单位产品消耗定量计算确定的原材料理论耗用数量。原材料定额耗用量分配法是指以各个材料费用受益产品的原材料定额耗用量为分配标准，以单位材料定额耗用量应负担的原材料费用为分配率，据以分配原材料费用的方法。该方法适用于原材料消耗比较单一，单位产品消耗定量比较准确的产品。

原材料定额耗用量涉及的计算公式如下：

$$\text{受益产品定额耗用量} = \text{受益产品产量} \times \text{单位产品消耗定量}$$

$$\text{原材料费用分配率} = \frac{\text{被分配的原材料费用}}{\text{各受益产品定额消耗量之和}}$$

$$\text{某受益产品应负担原材料费用} = \text{该受益产品定额耗用量} \times \text{原材料费用分配率}$$

【例3－19】 岩城公司一车间生产甲、乙两种产品，20××年3月共同消耗A材料2200千克，每千克实际成本10元。本月甲、乙产品的产量分别为500件、300件，单位产品消耗定量分别为2千克、4千克。计算A材料费用。

计算结果如下：

被分配甲材料费用＝2 200×10＝22 000（元）

甲产品定额耗用量 = 500 × 2 = 1000（千克）

乙产品定额耗用量 = 300 × 4 = 1200（千克）

$$A材料费用分配率 = \frac{22\ 000}{1000 + 1200} = 10（元/千克）$$

甲产品应负担 A 材料费用 = 1000 × 10 = 10 000（元）

乙产品应负担 A 材料费用 = 1200 × 10 = 12 000（元）

②原材料定额费用分配法。原材料定额费用是指企业生产一定数量的产品，按事先核定的单位产品定额费用计算确定的理论原材料费用。原材料定额费用分配法是指以各个材料费用受益产品的原材料定额费用为分配标准，以实际消耗的原材料费用占各受益产品定额费用之和的比例为分配率，据以分配原材料费用的方法。该方法适用于产品生产过程中消耗的原材料品种较多，不宜按品种确定原材料消耗定量，但有比较合理的材料费用消耗定额的产品。

原材料定额费用分配法涉及的计算公式如下：

受益产品定额费用 = 受益产品产量 × 单位产品定额费用

$$定额费用分配率 = \frac{被分配的原材料费用}{各受益产品定额费用之和}$$

某受益产品应负担材料费用 = 该受益产品定额费用 × 定额费用分配率

【例 3－20】 榕城公司生产的甲、乙两种产品，因消耗的原材料品种较多，分别核定甲、乙产品单位定额费用为 130 元、150 元。本月甲、乙产品共同消耗各种原材料的实际成本为295 000元，本月完工甲产品1000件、乙产品 1100 件。计算本月原材料费用。

计算结果如下：

甲产品定额费用 = 1000 × 130 = 130 000（元）

乙产品定额费用 = 1100 × 150 = 165 000（元）

$$定额费用分配率 = \frac{295\ 000}{130\ 000 + 165\ 000} = 1$$

甲产品应负担材料费用 = 130 000 × 1 = 130 000（元）

乙产品应负担材料费用 = 165 000 × 1 = 165 000（元）

③原材料实际耗用量分配法。原材料实际耗用量是指企业在生产产品过程中所记录的各种产品的原材料消耗数量。原材料实际耗用量分配法是以各种产品的原材料实际耗用量为分配标准，以原材料的实际单价为分配率，据以分配原材料费用的方法。该方法适用于能分清原材料消耗对象，并有健全的原材料消耗记录的产品。

原材料实际耗用量分配法涉及的计算公式如下：

$$原材料费用分配率=\frac{被分配的原材料费用}{各受益产品材料实际消耗量之和}$$

$$某受益产品应负担原材料费用=该受益产品材料实际耗用量\times原材料费用分配率$$

【例3-21】 山城公司生产甲、乙、丙三种产品。本月共消耗A材料56 000千克，计算出A材料的实际成本为156 800元，根据原材料消耗记录，甲、乙、丙产品消耗A材料数量分别为15 000千克、28 000千克和13 000千克。计算A材料费用。

计算结果如下：

$$A材料费用分配率=\frac{156\ 800}{56\ 000}=2.8$$

甲产品应负担A材料费用＝15 000×2.8＝42 000（元）

乙产品应负担A材料费用＝28 000×2.8＝78 400（元）

丙产品应负担A材料费用＝13 000×2.8＝36 400（元）

上述的原材料费用分配方法，在实际操作中可以作不同的变换。如“原材料定额耗用量分配法”可以作如下变换：

$$受益产品定额耗用量=受益产品产量\times单位产品消耗定量$$

$$某受益产品定额耗用量分配比例=\frac{该受益产品定额耗用量}{各受益产品消耗量之和}$$

$$某受益产品应负担原材料费用=被分配原材料费用\times该受益产品定额耗用量分配比例$$

还可以有其他变换方式，但不论如何变换，其原材料费用分配的结果应当一致。

（2）原材料费用的账务处理。各种材料费用的分配是通过编制“材料费用分配表”进行的，“材料费用分配表”是按车间、部门和材料的类别，根据汇总后的领、退料凭证和其他有关资料编制的。会计人员根据该分配表据以登记有关总账和明细账。“材料费用分配表”的格式及账务处理举例如下：

【例3－22】雾城公司2009年8月份材料领退料凭证汇总的材料费用为：

甲产品原材料费用为：15 000元

乙产品原材料费用为：25 000元

基本生产车间消耗原材料费用为：8200元

辅助（修理）车间消耗原材料费用为：2800元

根据以上资料编制“材料费用汇总分配表”。“材料费用汇总分配表”的格式如表3－2所示。

表3－2 材料费用汇总分配

2009年8月

应借科目		费用科目	金额
生产成本——基本生产成本	甲产品	原材料	15 000
	乙产品	原材料	25 000
	小计		40 000
生产成本——辅助生产成本		机物料消耗	2800
制造费用		机物料消耗	8200
合　计			51 000

根据“材料费用汇总分配表”作账务处理如下：

借：生产成本——基本生产成本——甲产品　　15 000

　　　　　　　　　　　　　　——乙产品　　25 000

　　生产成本——辅助生产成本　　2800

　　制造费用　　8200

　　贷：原材料　　51 000

上述原材料费用是按实际成本进行核算分配的，如果原材料费用是按计划成本进行核算分配，计入产品成本和期间费用的原材料费用是计划成本，还应该分配材料成本差异额，还原为实际成本。

【例 3-23】 承上例，雾城公司对原材料采用计划成本计价，经计算，20××年 8 月的材料成本差异率为 -10%（节约差异率）。计算发出材料的计划成本应负担的材料成本差异额并编制会计分录。

①各受益产品或部门应负担的材料成本差异如下：

甲产品应负担的材料成本差异 = 15 000 × (-10%)
= -1500（元）

乙产品应负担的材料成本差异 = 25 000 × (-10%)
= -2500（元）

基本生产车间应负担的材料成本差异 = 8200 × (-10%)
= -820（元）

辅助修理车间应负担的材料成本差异 = 2800 × (-10%)
= -280（元）

②据以编制会计分录如下：

借：生产成本——基本生产成本——甲产品　　　　1500（红字）

　　　　　　　　　　　　　　——乙产品　　　　2500（红字）

　　　　　　——辅助生产成本　　　　　　　　　280（红字）

　　制造费用　　　　　　　　　　　　　　　　820（红字）

　　贷：材料成本差异　　　　　　　　　　　　　5100（红字）

根据会计分录（记账凭证），将发生的原材料费用分别登记到生产成本、制造费用和管理费用等账户，登记方法是：

“生产成本——基本生产成本”账户：将发生的材料费用记入甲、乙两个产品生产成本明细账户（或产品成本计算单）的“直接材料”成本项目栏中，应负担的材料成本节约差异，则用红字记入相同的栏目，同时结出“合计数”。登记后的结果如表 3-3、表 3-4 所示。

表 3-3　　产品成本明细账

总第　页

成本对象：甲产品　　生产车间：　　投产时间：　　字第　页

2009 年		凭证		摘要	成本项目				合计
月	日	字	号		直接材料	燃料动力	直接人工	制造费用	
8	31	×		原材料费用	15 000				15 000
			×	材料成本差异	1500				1500

注：材料成本差异的节约额用红字登记（下同），若为超支额用蓝字登记。

表 3-4　　产品成本明细账

总第　页

成本对象：乙产品　　生产车间：　　投产时间：　　字第　页

2009 年		凭证		摘要	成本项目				合计
月	日	字	号		直接材料	燃料动力	直接人工	制造费用	
8	31	×		原材料费用	25 000				25 000
			×	材料成本差异	2500				2500

“生产成本——辅助生产成本”账户：将发生的材料费用记入供汽车间、机修车间两个生产成本明细账户（产品成本计算单），登记方法同上。登记结果如表 3-5 所示。

表3-5　　辅助生产成本明细账

总第　页

辅助生产车间：修理车间　　产品或劳务：修理　　字第　页

2009年		凭证		摘要	成本项目				合计
月	日	字	号		直接材料	燃料动力	直接人工	制造费用	
8	31	×		原材料费用	2800				2800
			×	材料成本差异	280				280

"制造费用"账户：将发生的材料费用记入账户的借方发生额栏，结出余额，同时将发生额计入有关的明细栏目内，如表3-6所示。

表3-6　　制造费用明细账

总第　页

生产车间　　字第　页

2009年		凭证		摘要	借方	贷方	借或贷	余额	（借）方项目			
月	日	字	号						工资	折旧	修理	略
8	31		×	材料费	8200		借	8200			8200	
			×	成本差异	820		借	820			820	

3. 废品损失的归集和分配

废品是指由于生产不符合规定的技术标准，生产出的不能按原定用途进行使用，或需要加工修理后才能正常使用的产品。包括在生产过程中发现的不合格的在产品、入库时发现的不合格的半成品或完工产品，但不包括可以降价销售的次品或等外品、合格品入库后因保管不善发生损坏变质的产品和在产品销售时发现的废品。

废品按照修复的可能性和经济性，分为可修复废品与不可修复废品，可修复废品是指经过加工修理后可以按原定用途进行使用，而且在经济上是合算的废品；不可修复的废品是指在技术上无法修复，或修复成本过大，在经济上不合算而放弃修复的废品。

废品损失是指生产过程中和入库后，因出现废品而发生的无价值的耗费，对可修复废品而言，废品损失是追加的修复成本扣除收回的废品残值及责任人赔款后的差额；对不可修复的废品而言，废品损失是废品成本扣除收回的废品残值及责任人赔款后的差额。

废品损失原则上由本期的完工产品负担，月末在产品通常不承担废品损失。企业对废品损失的具体处理方法有两种：对废品损失不大的企业，可在“制造费用”账户中核算；对废品损失数额较大的企业，为对废品损失加强管理，可以增设“废品损失”账户，单独核算废品损失。该账户的借方登记不可修复废品的生产成本和可修复废品的修复成本，贷方登记废品残料收回价值、责任人赔款及分配转出的废品损失，分配后该账户无余额。“废品损失”按生产车间分户进行明细分类核算。

（1）可修复废品的核算。可修复废品损失是对废品进行修复所支付的修复费用。修复后，其产品成本由原生产成本和修复费用构成。如果有废品收回残值或赔偿收入，冲减可修复废品的损失。可修复废品损失在进行修复时归集，其计算公式是：

可修复废品损失＝修复废品材料费用＋修复废品人工费用＋修复废品制造费用－收回的残值及赔偿收入

对发生的修复费用，从各种费用分配表中取得，并据以编制如下会计分录：

①发生修复废品的材料费用（人工费用、制造费用）时：

借：废品损失——××产品

　　贷：原材料（应付工资、应付福利费用和制造费用等）

②收回废品残值或确定责任人赔偿款时：

借：原材料（其他应收款）

　　贷：废品损失——××产品

③结转可修复废品损失时：

借：生产成本——基本生产成本——××产品

　　贷：废品损失——××产品

若对发生的废品损失不单独设置“废品损失”账户进行核算，则在“生产成本——基本生产成本”明细账户中也不设“废品损失”成本项目。对发生的不可修复废品损失先记入“制造费用”账户，连同其他制造费用一起在受益产品中进行分配。对发生的可修复废品损失若不单独进行核算，则将收回的残值及赔偿款冲减“生产成本——基本生产成本”。

（2）不可修复废品的核算。对不可修复的废品损失进行核算，首先必须确定发生的废品损失再进行相关核算。

计算不可修复的废品损失，就是要将废品应负担的生产费用从全部生产费用中分离出来。具体有两种方法：按实际成本计算和按定额成本计算。

①按废品实际成本计算。这种方法是将全部生产费用在合格品与废品之间进行分配，分配公式如下：

$$\text{废品应负担的材料费用}=\frac{\text{某产品的全部材料费用}}{\text{合格品产量}+\text{废品约当产量}}\times\text{废品约当产量}$$

上述公式中，用人工费用、制造费用替换材料费用后，可以计算废品应负担的人工费用与制造费用，从而确定不可修复废品的生产成本。注意，如果期末存在未完工产品，则上述公式的分母中还应包括月末在产品的约当产量。

【例 3－24】2010 年 4 月，某企业的基本生产车间生产甲产品 100 件，生产过程中发现有不可修复废品 2 件。本月生产甲产品的生产费用为材料费用20 000 元，人工费用 4950 元，制造费用 2970 元，合计 27 920 元。废品残料作价 100 元入库。分配材料费用时，废品按完工产品计算，分配其他生产费用时，废品折合为约当产量 1 件。确定废品损失，进行会计处理，并编制会计分录。

根据资料编制“不可修复废品损失计算表”如表 3－7 所示。

表 3－7　　　　不可修复废品损失计算表

生产车间：×基本生产车间

产品名称：甲产品　　　　2010 年 3 月 30 日　　　　金额单位：元

项目	产　量	直接材料	约当产量	直接人工	制造费用	成本合计
生产费用	100	20 000	99	4950	2970	27 920
分配率		200		50	30	
废品成本	2	400	1	50	30	480
残料收回		100				100
废品损失		300		50	30	380

会计主管：×××　　　　复核：×××　　　　制单：×××

借：废品损失——甲产品　　480

　　贷：生产成本——基本生产成本——甲产品　　480

借：原材料　　100

　　贷：废品损失——甲产品　　100

借：生产成本——基本生产成本——甲产品　　380

　　贷：废品损失——甲产品　　380

②按废品定额成本计算。

这种方法是按废品数量和事先核定的各项定额费用计算出废品的定额成本，再扣除废品残值及责任人赔偿款后确定废品损失。其特点是不考虑废品实际发生的生产成本。

【例 3－25】某企业第三基本生产车间生产乙产品，本月发生不可修复的废品 20 件。采用定额成本计算废品损失。该企业核定乙产品单位直接材料成本 300 元，核定定额工时 20 小时，每小时定额人工费用 6 元，每小时定额制造费用 4 元。该产品所耗材料在生产开始时一次投入，废品的平均完工率 50%。废品残值共计 500 元，责任人应付赔偿款 1000 元。计算该企业的废品损失。

根据上述方法计算出该企业的废品损失如表 3－8 所示。

表 3－8　　**不可修复废品损失计算表**

生产车间：第三基本生产车间

产品名称：乙产品　　2010 年 4 月 30 日　　金额单位：元

项目	废品数量	直接材料	工时			直接人工	制造费用	合计
			定额工时	完工率	已耗工时			
单位定额	20	300	20	50%	10	6	4	—
废品定额成本		6000				1200	800	8000
减：残值收回	500							500
赔偿款	1000							1000
废品损失额	4500					1200	800	6500

会计主管：××　　复核：××　　制单：××

4. 停工损失的归集和分配

停工损失是企业发生非季节性停工所造成的损失，停工的主要原因是停电、待料、机器故障或大修、灾害或事故和计划减产等。停工损失由停工期间消耗的燃料及动力、工资、福利费和制造费用等构成，由过失方或者保险公司支付的赔偿款冲减停工损失。停工不足 1 个工作日，通常不计算停工损失。

企业发生停工，由生产车间将停工范围、起止时间、停工原因及过失方等情况在“停工单”中加以记录，送财会部门审核后，作为计算停工损失的原始依据。

企业可专设“停工损失”账户，并在产品成本计算单中增设“停工损失”成本项目。“停工损失”账户的借方归集本月发生的停工损失，贷方登记分配结转的停工损失，分配后该账户无余额，按生产车间分户进行明细分类核算。

不同原因产生的停工损失，采用不同的分配结转方法。由过失方或保险公司赔偿的停工损失，转作“其他应收款”；属于非常损失引起的停工损失，列为“营业外支出”；对于其他原因引起的停工损失，计入产品成本。会计处理简述如下：

（1）发生各种停工损失时：

借：停工损失——×车间

　　贷：生产成本（应付工资、应付福利费、制造费用等）

（2）分配结转停工损失时：

借：生产成本——基本生产成本——×产品

其他应收款

营业外支出等

贷：停工损失——×车间

企业也可以不单设“停工损失”账户，而将发生的停工损失直接列入“制造费用”、“其他应收款”和“营业外支出”账户。

季节性生产企业发生季节性停工，期间所发生的费用，不作为“停工损失”，可以采用待摊或预提方式处理，转由生产期间的产品成本负担。

实例十四：销售业务处理

1. 收入确认不出错

刚做会计的小孙对销售收入确认时间的问题一直把握不准，当月开出的发票是不是当月一定计入收入，并交纳相关费用，还有当月收到款，当月没有开出发票，是不是应记在预收账款科目处理？

甲公司是从事设备维护检修的，签合同一般都是一年期的，维护费有的一个季度付一次，有的一年一次性付款，那么收入应该怎么确认？因为成本每个月都要发生，如果按收到账款（或开票时间）确认，那利润就很不均衡，可不可以按合同金额除 12 个月，按月平摊来确认收入？

2. 销售退回处理不出错

小孙所在公司有一批产品销售出去后由于质量不合格，被客户退了回来，已不能修复只能作为废品报废了，公司决定不退入成品库直接报废处理。该批产品售价 5000 元，增值税 850 元，成本 4000 元。小孙不知该如何处理？

3. 折扣、折让销售不出错

A 公司与经销商签订的合同是按销售量和回款率不同而给予不同的折扣的。

（1）销售量 < 1000 吨的。

年回款率 < 70%，无折扣。

70% ≤ 年回款率 < 80% 的，折扣为 600 元/吨。

80% ≤ 年回款率 < 90% 的，折扣为 650 元/吨。

年回款率 ≥ 90% 的，折扣为 700 元/吨。

（2）1000 吨 ≤ 销售量 < 2000 吨的。

70% ≤ 年回款率 < 80% 的，折扣为 750 元/吨。

80% ≤ 年回款率 < 90% 的，折扣为 800 元/吨。

年回款率≥90%的，折扣为850元/吨。

（3）2000吨≤销售量<3000吨的。

70%≤年回款率<80%的，折扣为900元/吨。

80%≤年回款率<90%的，折扣为1000元/吨。

年回款率≥90%的，折扣为1050元/吨。

……

但每月月末并不知道经销商年销量及年回款率的情况。应怎么进行账务处理才合理？

4. 商品售价低于成本价核算不出错

某商场2月份某商品总计10件，每件售价下跌为58.5元（含税下同）。其原售价90元，成本为60元（不含税）。3月份，该商品销售了6件，收入现金351元。2月、3月份的账务该怎样处理？

难点解析

1. 收入确认问题

（1）正常的会计核算，应该在确定收入的同时开具相应的税务发票，即在会计上作收入时，同时开具税务发票，并同步纳税。

（2）如果实务中预先开出了发票，应该在开发票时就纳税，这时作为公司的应收账款处理即可；如果有预收款项，但尚未提供货物或者应税劳务的，那么应计入预收账款中，除了房地产企业的预收款要在当期计缴营业税外，其他企业的预收款在转为收入时一并计缴税款。

（3）对于收入不均衡而支出均衡的业务，在会计实务中可以按月平摊计入收入账户，为了避免税务上不必要的麻烦，最好发票也能平摊，按月（或者按季）开票。

2. 销售退回的问题

销售退回是指购买者由于商品质量或品种不符合规定要求，而将已经购买的商品退回给卖方。对销售单位来说，发生销售退回时，不论是属于本期还是属于以前期间销售的，都应凭对方开具的“销售退回证明单”冲减本期的销售收入。如上例，应做如下处理：

借：库存商品　4000
　贷：主营业务成本　4000
借：应收账款　-5850
　贷：主营业务收入　-5000
　　应交税费——应交增值税（销项税额）　-850
或：借：主营业务收入　5000
　　应交税费——应交增值税（销项税额）　850
　　贷：应收账款　5850

同时，该项损失要在年底所得税汇算清缴时，一并报主管税务机关审批、备案，只有得到主管税务机关的审批，该项损失才能在企业所得税前扣除。

3. 折扣、折让的核算

如果该公司在发货时就确认收入，可以先假设全部回款，按此确认收入，到年底时，假如：

当某经销商只回款 70%，应将与应确认收入之间的差额补充确认收入。

当某经销商只回款 80%，应将与应确认收入之间的差额补充确认收入。

当某经销商只回款 90%，应将与应确认收入之间的差额补充确认收入。

4. 售价低于成本价的处理

2 月份，根据跌价情况：

借：商品进销差价　300
　贷：库存商品　300

计提跌价准备：

借：管理费用　100
　贷：存货跌价准备　100

3 月份，该商品销售了 6 件，收入现金应该是 $58.5\times6=351$（元）

借：库存现金　　　　　　　　　　　　　　　　　351

　　贷：主营业务收入　　　　　　　　　　　　　　　300

　　　　应交税费——应交增值税（销项税额）　　　　　51

借：主营业务成本　　　　　　　　　　　　　　　360

　　贷：库存商品　　　　　　　　　　　　（6×60）360

3 月末，结转已经销售商品的存货跌价准备：

借：存货跌价准备　　　　　　　　　　　　　　　60

　　贷：管理费用　　　　　　　　　　　　（10×6）60

知识链接

1. 商品销售收入的确认条件

销售商品收入同时满足下列条件的，才能予以确认：

（1）企业已将商品所有权上的主要风险和报酬转移给购货方。

（2）企业既没有保留通常与所有权相联系的继续管理权，也没有对已售出的商品实施有效控制。

（3）收入的金额能够可靠地计量。

（4）相关的经济利益很可能流入企业。

（5）相关的已发生或将发生的成本能够可靠地计量。

2. 销售折让的核算

销售折让是指由于商品的质量、规格等不符合要求，销售单位同意在商品价格上给予的减让。在核算时，由于销售折让不具备费用的属性，因此，应当将其作为收入的抵减数处理。

【例 3－26】 甲公司 2009 年 7 月 18 日销售一批商品，增值税发票注明的售价为40 000元，增值税为 6800 元，该批产品的成本为 35 000 元。货到后买方发现商品质量与合同要求不一致，要求给予价款 5% 的折让，甲公司同意折让。为此，甲公司所作的会计分录为：

7 月 18 日销售实现时：

借：应收账款　　46 800

　　贷：主营业务收入　　40 000

　　　　应交税费——应交增值税（销项税额）　　6800

借：主营业务成本　　35 000

　　贷：库存商品　　35 000

发生销售折让时：

借：主营业务收入　　2000

　　应交税费——应交增值税（销项税额）　　340

　　贷：应收账款　　2340

实际收款时：

借：银行存款　　44 460

　　贷：应收账款　　44 460

3. 附有现金折扣条件的核算

现金折扣，是指企业为了鼓励客户在一定时期内早日付清货款而给予的一种折扣优惠。在现金折扣的情况下，应收账款入账金额的确认有两种处理方法可供选择：一种是总价法；另一种是净价法。目前，我国在会计实务中，所采用的是总价法。总价法是将未减现金折扣前的金额作为实际售价，记作应收账款的入账余额，同时按此金额确认销售收入额。销售方给予客户的现金折扣，属于一种理财费用，会计上作为财务费用处理。

【例 3-27】 甲公司 2009 年 6 月 11 日销售商品一批，共 500 件，增值税发票注明的售价 50 000 元，增值税额 8500 元。该批产品的成本为 40 000 元。规定的现金折扣条件为：2/10、1/20、n/30，公司采用总价法核算现金折扣，6 月 15 日收回货款。甲公司为此项业务所作的会计分录为：

6 月 11 日销售实现时，按总价确认收入：

借：应收账款　　58 500

　　贷：主营业务收入　　50 000

应交税费——应交增值税（销项税额） 8500

借：主营业务成本 40 000

贷：库存商品 40 000

6月15日收回货款时：

借：银行存款 57 330

财务费用 （58 500×2%）1170

贷：应收账款 58 500

4. “买一赠一”的会计处理

“随货赠送”或“买一送一”、“买100赠50”等，是指在销售主货物的同时赠送从货物或券，实际上这种赠送是有偿的，属于捆绑销售或降价销售。

（1）会计处理的关键在于赠物、赠券的核算。具体说涉及两个问题：销项税额的确定和所赠物券列支的科目。显然，首先需要确定销项税额，不然会出现用其他货物的销项税额抵扣赠送货物的进项税额，这不符合增值税原理；而且企业可利用赠送方式逃避流转税。即赠品按视同销售处理，其计税价格必须合理，如果所赠物品原进货时也为所赠则另当别论。

列支科目应先考虑这种赠送的性质，无偿还是有偿？如果是为了推销商品，应列入营业成本或营业费用。如果赠品与所购货物关联也可计入营业成本。若客户未使用赠券，则不作会计处理。

也有的销售方是凭一定数量的瓶盖、标签、包装物、附券等，换取赠品或免费旅游等服务。会计处理为：销售时，根据销量及预计的回收率估计可能发生的赠品及赠券的费用，计入当期损益，并确认一笔或有负债；待领取赠品或赠券时再减少赠品及或有负债。

（2）在实际处理中有多种做法，下面举例说明（赠物也类似）。

【例3-28】某商家销售100元商品，取得100元现金并送30元赠券。（商家为增值税一般纳税人）

方法一：企业将赠券视同销售折扣，当期实际仅实现收入70元，在向购货方开具的发票或销售小票上注明30元折扣额，30元赠券等购货人实际购买商品或确认持券人放弃权利后再计入收入。

销售取得 100 元库存现金时：

借：库存现金　　100

　　贷：主营业务收入　　59.83

　　　　应交税费——应交增值税（销项税额）　　10.17

　　　　其他应付款　　30

购货方凭赠券购物时，以消费的赠券额向购货方开具发票：

借：其他应付款　　30

　　贷：主营业务收入　　25.64

　　　　应交税费——应交增值税（销项税额）　　4.36

购货方逾期未持赠券购物时：

借：其他应付款　　30

　　贷：销售费用　　25.64

　　　　应交税费——应交增值税（销项税额）　　4.36

方法二：随销售商品所付出的购物券，是为了取得商品销售收入所付出的代价。企业将实际收到 100 元现金全额计入当期收入，全额向纳税人开具发票，待购货方凭赠券购物时不再向其开具发票，只结转相应的成本或列入销售费用。若不使用购物券则不入账。

销售取得 100 元现金时：

借：库存现金　　100

　　贷：主营业务收入　　85.47

　　　　应交税费——应交增值税（销项税额）　　14.53

持券人持赠券购物时：

借：主营业务成本　　30

　　（或销售费用）

　　贷：库存商品　　30

上述处理，只是企业所得税的计算时间和数额存在差异。税务部门以方法二为规范，它有利于税务部门对赠券额计入收入的时间进行控制。

5. 以物易物的会计处理

这里包括以旧换新、一般意义上的以物易物。

（1）以物易物。根据国家税务总局《关于增值税几个业务问题的通知》（国税［1994］186号）规定：“纳税人采取以物易物方式销售货物的，应视同销售按规定纳税。对纳税人以低于正常价格作价销售的，由主管税务机关根据纳税人当月同类产品平均销售价格作价或最近时期同类产品平均销售价核定其销售额”。对收到的货物，在账务上要作购入处理。

如企业丙生产的20台产品，每台产品销售价格3000元，换取乙企业生产材料一批，开具增值税专用发票（双方均为一般纳税人）。可做会计分录：

借：原材料	60 000	
应交税费——应交增值税（进项税额）	10 200	
贷：主营业务收入		60 000
应交税费——应交增值税（销项税额）		10 200

例中换入的货物作进货，换出的货物作销货处理。另外，虽然当期应交增值税税额没有变化，但如果以物易物的行为不做销售账务处理，就会减少当期的应纳税所得，使企业偷逃所得税。

（2）以旧换新。根据国家税务总局《关于增值税若干具体问题的规定》（国税［1993］154号）规定：“纳税人采取以旧换新方式销售货物，应按新货物的同期销售价格确定销售额。”

如某商场对某品牌冰箱采取以旧换新的方式销售，旧货折价500元，新冰箱售价3 510元，当月采用此方法销售冰箱60台，做会计分录：

借：库存现金	180 600	
原材料——旧冰箱	30 000	
贷：主营业务收入		180 000
应交税费——应交增值税（销项税额）		30 600

这里实际上用旧物抵了部分购物款。

6. 销售返利的会计处理

销售返利即厂家返利给商家，是一种常见的销售模式。返利名义较多，如贴息返利、规模返利、年终一次性返利、另行补偿返利等。返利的做法有：

（1）购买方取得销售方的折扣与折让。一般在购买方进货开票时，直接从销售方所开票的票面上体现，也可在进货结束后取得经购买方所在地税务部门的进货退出或索取折让证明单，销售方据以红字冲销。

（2）购买方直接从销售方取得货币或实物。实物返利一般为经销商所经销的生产厂家商品，也存在少量的非经销商品或固定资产形式的返利。

（3）购买方在经销方直接或间接列支、报销有关费用，如广告费、促销费、佣金、财务费用、管理费用、安装维修费用等。

（4）购买方取得销售方的投资、捐赠资产。销售返利在税务上还没有较具体的规定，一般按收入来认定，收到返利还是支付返利都会碰到税的问题，原则上收到返利要做进项税转出，支付返利要有合理的票据。会计处理有：发票上直接扣减，类似于销售折扣处理；返还所销商品，支付方计入营业费用并视同销售，收到方则调整原进货成本计交增值税；支付货币资金，支付方列为营业费用，收到方冲减销售成本，并转出进项税。

折扣与折让是返利资金的最好表现形式。它可规范返利行为和会计核算，也平衡了生产地与销售地增值税款不均现象。对于实物返利，可以理解为取得的货币资金返利转作货款。

对于平销行为，国家税务总局《关于平销行为征收增值税问题的通知》（国税［1997］167 号）规定："自 1997 年 1 月 1 日起，凡增值税一般纳税人，无论是否有平销行为，因购买货物而从销售方取得的各种形式的返还资金，均应依所购货物的增值税税率计算应冲减的进项税金，并从其取得返还资金当期的进项税金中予以冲减"。国家税务总局《关于商业企业向货物供应方收取的部分费用征收流转税问题的通知》（国税发［2004］136 号）明确规定：对商业企业向供货方收取的与商品销售量、销售额无必然联系，且商业企业向供货方提供一定劳务的收入，例如，进场费、广告促销费、上架费、展示费、管理费等，不属于平销返利，不冲减当期增值税进项税金，应按营业税的适用税目税率征收营业税。

实例十五：期间费用

业务宣传费和广告费处理不出错

甲公司委托某网络在网上做“网站”和“广告”，期限为1年，网站开给甲公司两张发票：一份发票上面写着服务业发票，收费项目写着“服务费”，金额为8000元；另一张发票上面写着服务业发票，收费项目写着“网络服务费”，金额为3000元，那么这两项费用都记入“销售费用——广告费”，还是“管理费用——广告费”？

难点解析

1. 业务宣传费和广告费

由于网站开具的是服务业发票，因此只可以作为“销售费用——业务宣传”进行账务处理，不可以作为广告费进行列支。

业务宣传费是企业开展业务宣传活动所支付的费用，主要是指未通过媒体的广告性支出，包括企业发放的印有企业标志的礼品、纪念品等；广告费则是企业通过媒体向公众介绍商品、劳务和企业信息等发生的相关费用。

纳税人申报扣除的广告费支出，必须符合下列三个条件：

（1）广告是通过经工商部门批准的专门机构制作的。

（2）已实际支付费用，并取得相应发票。

（3）通过一定的媒体传播。

不具备上述其中任何一个条件的，税务机关将不允许作为广告费予以税前扣除。

2. 业务招待费

与业务宣传费和广告费相似的还有业务招待费。业务招待费是指纳税人为业务、经营的合理需要而支付的应酬费用。到底哪些应该算入业务招待费，目前不论是财务会计制度，还是税收制度上都未给予准确的界定。在实践中，税务机关通常将业务招待费的支付范围界定为餐饮、住宿费（员工外出开会、出差，发生的住宿费为“差旅费”）、香烟、食品、茶叶、礼品、正常的娱乐活动、安排客户旅游产生的费用等其他支出。但上述支出并非一概而论，如：一般来讲，用于赠送的礼品是外购的，应作为业务招待费，但如果礼品是纳税人自行生产或经过委托加工，对企业的形象、产品有标记及宣传作用的，也可作为业务宣传费。同时要严格区分给客户的回扣、贿赂等非法支出，对此不能作为招待费而应直接作纳税调整。

3. 扣除标准

（1）业务宣传费的税前扣除标准。纳税人每一纳税年度发生的（包括未通过媒体的广告性支出），在不超过销售（营业）收入5‰的范围内，可据实扣除、超过5‰的部分当年不得扣除，以后年度也不得扣除。

（2）广告费的税前扣除标准。纳税人每一纳税年度发生的广告费支出，除特殊行业另有规定以外，不超过销售（营业）收入2%的，可据实扣除；超过部分可无限期向以后纳税年度结转。

（3）业务招待费税前扣除标准。

①内资企业所得税纳税人发生的与其经营业务直接相关的业务招待费，在下列规定比例范围内，可据实扣除：

全年销货净额在1500万元及以下的，不得超过销货净额的5‰；全年销货净额超过1500万元的，不得超过该部分销货净额的3‰。

②外商投资企业的扣除标准如下：全年销货净额在1500万元以下的，不超过销货净额的5‰；销货净额超过1500万元的，不得超过该部分销货净额的3‰；全年业务收入总额在500万元以下的，不超过业务收入总额的10‰；收入总额超过500万元的部分，不得超过该部分收入总额的5‰。

③对实行查账征收的个体工商户（包括个人独资企业、合伙企业），根据《个体工商户个人所得税计税办法（试行）》（国税发［1997］43 号）第二十九条规定：“个体户发生的与生产经营有关的业务招待费，由其提供合法凭证或单据，经主管税务机关审核后，在其收入总额的5‰以内据实扣除。”

知识链接

初当会计的人总是容易混淆三项期间费用，尤其是销售费用和管理费用。虽然从定义上也能分辨，但在实务中，像业务招待费这样的费用不知该计入管理费用还是销售费用的人大有人在。

1. 销售费用核算

销售费用是指工业企业在销售产品、自制半成品和提供劳务过程中发生的各项费用以及专设销售机构的各项经费。

企业发生的销售费用是通过“销售费用”科目核算的，使用该科目时需注意：

（1）本科目核算企业销售商品和材料、提供劳务过程中发生的各种费用，包括保险费、包装费、展览费和广告费、商品维修费、预计产品质量保证损失费、运输费、装卸费等以及为销售本企业商品而专设的销售机构（含销售网点、售后服务网点等）的职工薪酬、业务费、折旧费等经营费用。

企业发生的与专设销售机构相关的固定资产修理费用等后续支出，也在本科目核算。

（2）本科目可按费用项目进行明细核算。

（3）销售费用的主要账务处理。

①企业在销售商品过程中发生的包装费、保险费、展览费和广告费、运输费、装卸费等费用，借记本科目，贷记“库存现金”、“银行存款”等科目。

②发生的为销售本企业商品而专设的销售机构的职工薪酬、业务费等经营费用，借记本科目，贷记“应付职工薪酬”、“银行存款”、“累计折旧”等科目。

（4）期末，应将本科目余额转入“本年利润”科目，结转后本科目无余额。

【例3－29】 某企业2010年3月为销售产品发生展览费、运输费、保险费共计8000元，以银行存款支付。该公司账务处理如下：

借：销售费用　　8000

　　贷：银行存款　　8000

【例3－30】 A企业本月销售部发生的各项经费共9500元，其中销售部门人员工资3400元，应计福利费476元，固定资产折旧500元，领用修理用材料600元，以银行存款支付其他费用4524元，该公司账务处理如下：

借：销售费用　　9500

　　贷：应付职工薪酬——工资　　3400

　　　　　　　　　——职工福利　　476

　　　　累计折旧　　500

　　　　原材料　　600

　　　　银行存款　　4524

2. 管理费用核算

管理费用是指企业行政管理部门为管理和组织生产经营活动而发生的各项费用。

企业发生的管理费用应通过“管理费用”科目核算，使用该科目时需注意：

（1）本科目核算企业为组织和管理企业生产经营所发生的管理费用，包括企业在筹建期间内发生的开办费、董事会和行政管理部门在企业的经营管理中发生的或者应由企业统一负担的公司经费（包括行政管理部门职工工资及福利费、物料消耗、低值易耗品摊销、办公费和差旅费等）、工会经费、董事会费（包括董事会成员津贴、会议费和差旅费等）、聘请中介机构费、咨询费（含顾问费）、诉讼费、业务招待费、房产税、车船税、土地使用税、印花税、技术转让费、矿产资源补偿费、研究费用、排污费等。

具体的，管理费用包括：

①管理人员工资及福利费。指企业支付给管理人员的工资及按工资总额的一定比例提取的福利费。

②业务招待费。指企业为业务经营的合理需要而支付的费用。业务招待费在以下范围内据实开支：全年销售（营业）收入在1500万元（不含1500万元）以下的，不超过年销售（营业）收入的5‰；全年销售（营业）收入净额超过1500万元的部分，不超过该部分的3‰。

③技术开发费。指企业研究开发新技术等方面发生的各项费用。

④董事会会费。指企业最高权力机构及其成员为履行职能而发生的各项费用，包括差旅费、会议费等。

⑤工会经费。指按职工工资总额的2%计提拨交工会的经费。

⑥职工教育经费。指企业为职工学习先进技术和提高文化水平而支付的费用。职工教育经费按职工工资总额的1.5%计提。

⑦劳动保险费。指离退休职工的离退休金、价格补贴、医药费、易地安家补助费、职工退职金、抚恤费、按规定支付给离休职工的各项经费以及实行社会统筹办法的企业按规定提取的退休统筹金。

⑧涉外费。指按规定支付的出国费用、接待外宾费和驻外代表等开支。

⑨租赁费。指企业租赁办公用房、营业用房、仓库、低值易耗品等的租赁费用。

⑩咨询费。指企业为进行业务咨询所支付的费用。

⑪诉讼费。指企业因起诉或应诉而发生的各项费用。

⑫商标注册费。指企业进行商标注册所支付的费用。

⑬技术转让费。指企业进行技术转让所支付的费用。

⑭低值易耗品摊销。指企业按规定的标准和摊销办法摊销的低值易耗品。

⑮折旧费。指企业按规定办法计提的固定资产折旧。

⑯无形资产摊销。指企业按规定摊销的无形资产。

⑰修理费。指企业发生、预提或摊销的固定资产修理费用。

⑱消防费。指企业的消防费开支。

⑲房产税。指按规定缴纳的房产税。

⑳土地使用税。指按规定缴纳的土地使用税。

㉑印花税。指按规定缴纳的印花税和购买印花税票的支出。

㉒车船税。指按规定缴纳的车船使用税。

㉓审计费。指企业聘请中国注册会计师进行查账验资以及进行资产评估等发生的费用。

㉔坏账损失。指提取坏账准备的企业按规定计提的坏账准备以及不提取坏账准备的企业直接转销的坏账损失。

企业（商品流通）管理费用不多的，可不设置本科目，本科目的核算内容可并入“销售费用”科目核算。

企业生产车间（部门）和行政管理部门等发生的固定资产修理费用等后续支出，也在本科目核算。

（2）本科目可按费用项目进行明细核算。

（3）管理费用的主要账务处理。

①企业在筹建期间内发生的开办费，包括人员工资、办公费、培训费、差旅费、印刷费、注册登记费以及不计入固定资产成本的借款费用等在实际发生时，借记本科目（开办费），贷记“银行存款”等科目。

②行政管理部门人员的职工薪酬，借记本科目，贷记“应付职工薪酬”科目。

③行政管理部门计提的固定资产折旧，借记本科目，贷记“累计折旧”科目。

发生的办公费、水电费、业务招待费、聘请中介机构费、咨询费、诉讼费、技术转让费、研究费用，借记本科目，贷记“银行存款”、“研发支出”等科目。

按规定计算确定的应交矿产资源补偿费、房产税、车船税、土地使用税、印花税，借记本科目，贷记“应交税费”科目。

（4）期末，应将本科目的余额转入“本年利润”科目，结转后本科目无余额。

【例3－31】 某企业2010年2月在筹建期间发生的应付工资、办公费、培训费、差旅费、印刷费、注册登记费共计25 000元，以银行存款支付，该公司账务处理如下：

借：管理费用——开办费　　25 000

　　贷：银行存款　　25 000

【例3-32】A企业本月行政管理部门共发生费用45 600元，其中应付工资40 000元，应付福利费5600元，该公司账务处理如下：

借：管理费用　　45 600

　　贷：应付职工薪酬——工资　　40 000

　　　　　　　　　——职工福利　　5600

【例3-33】B企业本月用银行存款支付费用52 600元，其中办公费12 000元、水电费20 000元、业务招待费12 000元、聘请中介机构费3600元、其他费用5000元，该公司账务处理如下：

借：管理费用——办公费　　12 000

　　　　　　——水电费　　20 000

　　　　　　——业务招待费　　12 000

　　　　　　——聘请中介机构费　　3600

　　　　　　——其他　　5000

　　贷：银行存款　　52 600

【例3-34】C公司本月共发生房产税5600元、车船税2300元、城镇土地使用税6000元、印花税2000元，该公司账务处理如下：

发生时：

借：管理费用　　15 900

　　贷：应交税费——应交房产税　　5600

　　　　　　　　——应交车船税　　2300

　　　　　　　　——应交城镇土地使用税　　6000

　　　　银行存款　　2000

交纳税金时：

借：应交税费——应交房产税　　5600

　　　　　　——应交车船税　　2300

　　　　　　——应交城镇土地使用税　　6000

贷：银行存款　　13 900

3. 财务费用核算

财务费用是指企业为筹集资金而发生的各项费用。

企业发生的财务费用应通过“财务费用”科目核算，使用该科目时需注意：

（1）本科目核算企业为筹集生产经营所需资金等而发生的筹资费用，包括利息支出（减利息收入）、汇兑损益以及相关的手续费、企业发生的现金折扣或收到的现金折扣等。

为购建或生产满足资本化条件的资产发生的应予资本化的借款费用，在“在建工程”、“制造费用”等科目核算。

（2）本科目可按费用项目进行明细核算。

（3）企业发生的财务费用，借记本科目，贷记“银行存款”、“未确认融资费用”等科目。发生的应冲减财务费用的利息收入、汇兑损益、现金折扣，借记“银行存款”、“应付账款”等科目，贷记本科目。

（4）期末，应将本科目余额转入“本年利润”科目，结转后本科目无余额。

【例3－35】A企业本月收到银行通知，本期发生的短期借款利息支出5600元（其中2300元已预提计入前2个月的银行承兑汇票），企业开出支票付清，该公司账务处理如下：

借：财务费用　　3300

　　预收账款　　2300

　　贷：银行存款　　5600

【例3－36】B企业2月1日到银行将25 000美元兑换为人民币197 250元，该日的美元买入价为7.89元，该日的市场汇率为7.92元，A公司采用外币业务发生日的市场汇率对外币业务进行折算，该公司账务处理如下：

借：银行存款（人民币户）　　（25 000×7.89）197 250

　　财务费用　　750

　　贷：银行存款（美元户）　　（25 000×7.92）198 000

【例3－37】C公司销售产品20 000元，规定的现金折扣条件为2/10，n/30，适用的增值税税率为17%，产品交付时已办理了托收手续，该公司账务处理如下：

产品销售时：

借：应收账款 23 400

　　贷：主营业务收入 20 000

　　　　应交税费——应交增值税（销项税额） 3400

收到货款时，根据购货企业是否得到现金折扣的情况入账，如果上述货款在10天内收到，该公司账务处理如下：

借：银行存款 22 932

　　财务费用 468

　　贷：应收账款 23 400

如果超过了现金折扣的最后期限，该公司账务处理如下：

借：银行存款 23 400

　　贷：应收账款 23 400

4. 实务中常见会计违规及差错

（1）混淆生产成本与期间费用及支出的界限。有些企业为了调节当年利润，将发生的期间费用计入生产成本。如某企业为了实现计划利润目标，12月份将应记入“管理费用”账户的10万元无形资产摊销记入了“制造费用”账户，月末分配制造费用时，将上述费用全部分配记入了“生产成本——基本生产成本”账户，由完工产品和在产品共同负担，这样，就造成了少计期间费用，虚增利润的结果。

（2）任意扩大开支范围、提高开支标准。有些企业为了自身的经济利益，违反会计制度的规定，任意扩大开支范围和提高开支标准，从而提高企业费用水平，减少当期利润。如某企业领导人将其家属“游山玩水”费用列为本单位职工的差旅费来报销，使该企业虚增管理费用，虚减利润。

（3）利用报销费用、开支，采取多种方式进行经济犯罪。

（4）虚列有关费用和支出，人为降低利润水平。

（5）私分商品或将产品、商品出售后作为小金库，其成本转入支出、费用账户。

（6）期间费用转作待摊费用处理。有些企业为了实现既定利润目标，就采用将本期发生的期间费用总额转出一部分数额列作待摊费用来达到目的。如某企业年计划利润 300 万元，1～11 月份已实现利润 270 万元，尚需实现 30 万元的利润才可完成计划，但该企业根据实际情况预计 12 月份至多能实现利润 20 万元。为了完成 300 万元的利润目标，该企业财务人员从管理费用中转出 10 万元记入“待摊费用”账户，并结转下年度挂账，从而使当期利润达到既定目标。

（7）坏账损失不按规定提取。根据财务会计制度的规定，采用备抵法核算坏账损失的企业，应于期末计提坏账准备，计入管理费用。作“借：管理费用，贷：坏账准备”。有些企业为了调高或调低期末利润，就会于期末人为地提高（降低）提取比例，或变动提取依据（应收账款）的数额，以增加或减少期间费用，来达到目的。

（8）把应计入成本的运输费列入期间费用。按照有关规定，企业购入固定资产、专项投资用的材料和设备以及运输费应计入设备或材料的成本，作为其原值的组成部分。但有些企业却将这部分运输费列入期间费用而增大了本期费用。

（9）职工医药记入“管理费用”。根据财务会计制度的规定，企业职工医药费开支应在“应付福利费”项下列支，有些企业为减少福利费开支，往往将部分药费记入“管理费用”，从而虚减了当期利润。如某炼铁厂自 2008 年 12 月份开始在报销职工医药费时，作“借：管理费用，贷：库存现金”的财务处理，将医药费全部记入了“管理费用”，违反了国家的有关制度的规定。

实例十六：利润核算

1. 利润确定不出错

（1）乙公司是注册在上海某保税区的企业，根据有关规定，乙公司在2010年度收到2009年度的按利润总额计算的补贴收入，此收入是冲减所得税还是计入补贴收入？这部分收入在2010年度是否还需缴纳所得税？

（2）期末结转本年利润时，本年利润、利润分配和未分配利润是什么关系？

2. 利润分配不出错

（1）一般公司在税后可提取什么基金？有无政策限制？何时提取法定公积金、公益金？比例为多少？

（2）某企业实现利润总额为5000元，所得税为5000×18% =900（元），净利润为4100元，计提公积金、公益金是以哪个为基数？会计分录应怎样作呢？

（3）未分配利润与未付利润是一样的吗？会计分录上怎样体现？

（4）在利润分配过程中，通过董事会股东会同意，可以提取奖励基金吗？账务上处理为：

借：利润分配——未分配利润

　　贷：应付职工薪酬——应付奖励基金

这样处理正确吗？

（5）资产负债表中每月的“未分配利润”结果是怎样计算出来的？每月资产负债表中的未分配利润必须等于损益表中的利润总额才是正确的吗？

（6）甲公司在年末账上为亏损，但是要分配股东股利，应该如何做分录？

3. 利润补亏核算不出错

甲企业2004年亏损100 000元，2005～2008年连年实现利润10 000元，按规定可用税前利润补亏，这样弥补之后，2009年度企业“未分配利润”明细账仍有借方余额50 000元（100 000 - 10 000 ×5），当年实现利润60 000元，企业便直接弥补亏损50 000元，再计提所得税。这种做法正确吗？

4. 以前年度损益调整不出错

某公司2008年“利润分润——未分配利润”有贷方余额320元，2009年通过清算后，“利润分配——未分配利润”贷方余额为300元，那这20元如何调整？

难点解析

1. 确定利润

（1）这部分收入是因为乙公司能享受保税的优惠政策而得到的，属于所得税返还，所以应该冲减所得税，这部分收入在2010年度不需要再缴纳所得税。

（2）未分配利润是利润分配的明细科目，年末时只有未分配利润有余额。三者的关系可以用下面的公式表示：

年初的未分配利润 + 本年利润 - 本年提取的盈余公积及分配的利润

= 年末未分配利润

2. 分配利润

（1）利润分配的顺序。

①可供分配的利润，按下列顺序分配：

- 提取法定盈余公积。
- 提取法定公益金。

②外商投资企业的所得利润依法缴纳所得税。缴纳所得税后的利润按下列顺序分配：

- 支付各项赔偿金、违约金、滞纳金、罚息、罚款。
- 弥补企业以前年度亏损。
- 提取储备基金、企业发展基金和职工奖励及福利基金。
- 向投资人分配利润。

外商投资企业的储备基金、企业发展基金和职工奖励及福利基金的提取比例由董事会确定。其中，外资企业可不提取企业发展基金，其储备基金提取比例不得低于税后利润的10%，当提取金额达到注册资本的50%时，可不再提取。

外商投资企业的储备基金，主要用于垫补企业的亏损。企业发展基金，主要用于扩大生产经营，经原审批机构批准，也可转作投资人增资。职工奖励及福利基金，用于职工非经常性奖励、补贴购建和修缮职工住房等集体福利。

（2）企业计提法定盈余公积金和公益金是以本年税后利润弥补完以前年度的亏损后的余额为准来计提的，如果不考虑以前年度的亏损，那么上例中，以4100元为基数计提盈余公积是正确的，这里法定盈余公积金的比例是10%，公益金的比例是5%，相应的会计分录是：

借：利润分配——提取法定盈余公积金　　410
　　　　　　——提取法定公益金　　205
　贷：盈余公积——法定盈余公积金　　410
　　　　　　——法定公益金　　205

借：利润分配——未分配利润　　615
　贷：利润分配——提取法定盈余公积金　　410
　　　　　　——提取法定公益金　　205

（3）企业尚未决定分配的利润，挂在“利润分配——未分配利润”中，企业已经决定分配，但尚未实际把款项支付给各股东的业务，挂在“应付利润”科目中，相关的会计分录是：

分配时：

借：利润分配——应付利润
　贷：应付利润

借：利润分配——未分配利润
　贷：利润分配——应付利润

实际支付时：

借：应付利润

　　贷：银行存款

（4）“职工奖励基金”在内资企业中没有设置，外资企业在盈余公积下，有一个科目是“职工奖励基金”，可以计提用于奖励职工。同时，这里在发放相应的奖励时，应该依法代扣代缴个人所得税。

（5）财务报表中的本年利润和未分配利润两个科目有一定的区别，一般在本年利润中，核算今年的经营所得，在未分配利润上核算截止上年末累计的未分配利润金额。

（6）根据相关规定，企业亏损的情况下是不允许分配的，因为这种情况下分配的不是利润，而是注册资本，工商局不允许。分配利润的分录为：

借：应付股利

　　贷：利润分配——应付普通股股利

借：利润分配——应付普通股股利

　　贷：利润分配——未分配利润

3. 利润补亏

根据相关规定：企业发生的年度亏损，可以用下一年度的利润弥补；下一年度利润不足弥补的，可以在5年内延续弥补；5年内不足弥补的，应当用税后利润弥补。企业发生的年度亏损已超过用利润抵补期限的可用企业的公积金弥补。

甲企业已经连续弥补了5年，第6年（2005年）应该在税后弥补。如果按甲企业的做法，用税前利润弥补，就少纳了所得税。如果用税后利润弥补，当年，即2005年，只能弥补亏损额60 000×（1－33%）＝40 200（元）（假设60 000元即为缴纳所得税基数），多弥补了9 800元，当然，此处也造成少缴所得税16 500元。

4. 以前年度损益调整

“以前年度损益调整”账户的处理一般是：应调增利润（上年少记收益、多记费用）时记贷方，应调减利润（上年少记费用、多记收益）时记借方。

作所得税纳税调整：补缴所得税时，借记“以前年度损益调整”账户，贷记“应交税费——应交所得税”账户；冲减多缴所得税时作相反的分录。最后将“以前年度损益调整”账户的余额转入“利润分配——未分配利润”账户。

调整盈余公积计提数：补提盈余公积时，借记“利润分配——未分配利润”账户，贷记“盈余公积”账户；冲减多提盈余公积时作相反的分录。

调整财务报表相关项目的数字，包括：当期编制的财务报表相关项目的年初数。

知识链接

1. 利润及其类型

“本年利润”科目是核算企业在本年度所实现的净利润（或净亏损）总额，科目中的内容是由“主营业务收入”、“其他业务收入”、“营业外收入”等科目的贷方余额，及“主营业务成本”、“销售费用”、“管理费用”、“财务费用”、“其他业务支出”、“营业税金及附加”、“营业外支出”等科目的借方余额，及“投资收益”等科目转入。结转后，“本年利润”科目如为贷方余额，即为本期的利润总额，如为借方余额即为本期亏损总额，年度终了将该科目的余额全部转入“利润分配——未分配利润”科目，结转后该科目应无余额。

（1）主营业务利润。该项目是企业的主要经营所取得的利润，是根据企业发生的主要销售收入减去相关的销售成本、费用、税金及附加后得出的。具体计算如下：

①主营业务收入净额为主营业务收入减去销售折扣与折让。

②主营业务利润为主营业务收入净额减去主营业务成本、主营业务税金及附加。其计算如下：

主营业务利润 = 主营业务收入净额 − 主营业务成本 − 营业税金及附加

主营业务成本是通过商品明细账结转的销售成本或商品销售金额核算中按差价率计算出的成本。

营业税金及附加，是企业在商品销售后应缴纳的各项税金，如营业税、消费税、城市维护建设税、出口商品关税、教育费附加等。

（2）营业利润。营业利润是以主营业务利润加其他业务利润减营业费用、管理费用、财务费用后得出的。其计算如下：

营业利润 = 主营业务利润 + 其他业务利润 − 营业费用 − 管理费用 − 财务费用

①其他业务利润，是企业附带经营的其他业务收入减去其他业务支出（包括成本）和应缴纳的其他业务税金后的净额。其他业务收入包括材料物资的销售收入、出租固定资产收入、无形资产转让收入、废旧物资出售收入、储运业务收入、出租出借包装物收入等。其他业务成本主要是有关其他业务收入所发生的技术、费用和税金支出等。其计算如下：

其他业务利润 = 其他业务收入 − 其他业务成本

因为其他业务收入是企业附带经营的，所以不将其成本专项一一列出。

②销售费用是企业进、销环节发生的费用。

③管理费用是企业科室管理部门，为管理和业务部门服务而发生的费用。

④财务费用包括企业为筹集资金而发生的利息支出，支付金融机构手续费，外汇调剂手续费等。

（3）利润总额。营业利润加投资收益、补贴收入、营业外收入减营业外支出，最终得出利润总额（或亏损）。

利润总额是企业在一个会计期间实现盈亏情况的最终体现（若亏损为负数）。

利润总额 = 营业利润 + 投资利益 + 营业外收入 − 营业外支出

投资收益包括分得的投资利润、债券投资的利息收入，认购股票应得的股利以及收回投资时发生的收益等。

营业外收入是企业主营、兼营业务以外的其他方面的收入，它包括盘盈的固定资产收入、罚款收入、无法支付的应付款项等。

营业外支出包括固定资产盘亏、流动资产非正常损失、停工损失、援外费、赔偿金、违约金、罚款等。

（4）本年利润。“本年利润”科目是年终由各损益科目转入，平时各月不通过该科目核算，而是通过利润表反映出来。因此，企业每月结账时，只需结出损益各科目的本年累计发生额，根据这些发生额逐项填入利润表，计算出当月利润和本年累计利润（或亏损），其账面余额一直累计到年终决算时一次结转到“本年利润”科目，通过该科目体现出企业的最终经营成果。年度终了将该科目转入“利润分配——未分配利润”科目，结转后“本年利润”科目应无余额。

企业如果平时不进行利润分配，对每月编制的资产负债表中“未分配利润”项目，应根据利润表中的利润总额填列；如果平时进行部分利润分配，应根据利润表中的利润总额与“利润分配”科目的差额，填列资产负债表中的“未分配利润”项目。

（5）新会计准则中利润的变化。2007 年 1 月 1 日开始在上市公司实行的新会计准则对利润的类型及其确定作了调整，在利润表中，不再体现主营业务利润、营业利润和利润总额，而是直接列示净利润。新会计准则中利润表的具体格式和各项目的含义、计算方法将在第七章的实例23 中具体阐述。

2. 实务中常见会计违规和财务差错

根据会计制度规定，企业应以营业利润、投资净收益和营业外收支净额所构成的利润总额为基础，按财政部规定增加或扣减有关的收支后，依法缴纳所得税。缴纳所得税后的利润，即为税后利润。在利润核算中，常见的会计违规行为和财务差错有：

（1）转移利润违规。改革开放以来，有许多企业建立了“三产”企业等所属企业，随着股份制的推行，企业和其他企业之间又有交错的投资和被投资的关系。企业与其他单位的这种投资或被投资关系中，分来的利润用“投资收益”科目核算；分出的投资利益，设“利润分配——应付利润”科目核算。

有些企业利用其所办福利厂免税之机，将企业的利润转移到其所属厂的名下，以达到偷税的目的。如将材料、设备、半成品等无偿转到其附属厂，经过一些加工，再以高价买回，使企业利润转移。查账时会发现企业利润水平无端下降，其所属厂盈利水平异常，且本企业账上盈利虽少却大兴土木、大发奖金，似盈利极好。查账人员对此类违规应重点审查其有关支出类账，观察其建设项目及奖金、实物等职工收入是否有合理的来源。

以上为从本单位转出利润的违规，也有企业将其直属分支机构或企业的经营利润隐匿下来，直接转到小金库开支。查证时，应审阅有关往来账户，还应到其直属分支机构进行调查，了解其利润实现和上缴情况，查明问题。

（2）利润调整违规。企业年终结账后发现以前年度会计事项，如涉及以前年度损益直接在“未分配利润”明细科目核算，调整增加上年利润或调整减少上年亏损的，借记有关科目，贷记“利润分配——未分配利润”科目；调整减少上年利润或调整增加上年亏损的，借记“利润分配——未分配利润”科目，贷记有关科目。

实际工作中，存在篡改以前资料，随意调整“利润分配——未分配利润”的现象。查证时，查账人员应注意把调整额和当年的实际额相对比，看其是否相符。还要核实当年的总账资料或报表资料的真实性，观察检查有关数据及业务的账户，以查清问题。

（3）常见财务差错。《企业财务通则》规定：企业发生的年度亏损，可以用下一年度的利润弥补；下一年度利润不足弥补的，可以在5年内延续弥补；5年内不足弥补的，应当用税后利润弥补。企业发生的年度亏损已超过用利润抵补期限的可用企业的公积金弥补。

实际中存在着企业发生的年度亏损业务方面的财务差错。常见的是，对应用税后利润或公积金弥补的年度亏损用税前利润弥补了，从而少纳了所得税。

初做会计的人，应尽量避免财务差错的发生，更应严格要求自己，不做违规的事。

实例十七：所有者权益核算

1. 转增资本核算不出错

（1）甲公司是一个高新技术企业，公司会计将减免的所得税计入了国家扶持基金，国家扶持基金可以转增资本吗？如可以需要办理什么手续？

（2）2009年3月4日，经股东大会商议通过，将企业部分留存利润转增资本，金额为1 000 000元，并用资本公积转增资本，金额为500 000元。该如何进行账务处理？

（3）盈余公积转增资本也需要缴纳个人所得税吗？有没有什么优惠政策？对盈余公积转增资本有什么要求？

2. 公积金核算不出错

提取的公益金用于职工福利设施除了学校、医院外，还具体指哪些？提取的任意盈余公积金可用于哪些方面呢？

3. 盈余公积补亏不出错

（1）用盈余公积（法定的）补亏的会计分录如何做，与利润表的以前年度损益调整有关吗？补完亏损数还在利润表的以前年度调整栏显示补亏的数额吗？

（2）甲公司的“盈余公积”科目下设有“法定盈余公积金和法定公益金”及“一般盈余公积”两个二级明细科目，单独一个“法定盈余公积金和法定公益金”明细科目的贷方余额还不足注册资本的50%，但是两个明细科目的合计数就超过了注册资本金的50%，这种情况下是否还要继续提取法定盈余公积金和法定公益金？

难点解析

1. 转增资本

（1）企业净资产中的国家扶持基金大部分是由减免税形成。减免税的含义是国家依据有关法规予以减征或免征的税款。这部分税款本应留给企业，作为支出的减项，体现损益，然后转入所有者权益。但不少地方财税部门在减免税批准文件中往往把对全民企业的做法扩展至非全民企业，要求企业在盈余公积或资本公积中单独作为一个明细项目“国家扶持基金”列示。形式上虽然放弃了税收减免，但实质上并没有放弃，反而增加了国家的权益，这在会计逻辑上是悖逆的。

国家扶持基金在会计制度中并未做规范，但实务工作中却确实存在。这一项目可否转增股本？国家扶持基金是折为国家股还是归老股东享有？从理论上说，以国家扶持基金转增股本合情合理，但从现行政策看，并无明确的规定。原国家国有资产管理局《国有资产产权界定和产权纠纷处理暂行办法》规定，“集体企业改组为股份制企业时，改组前税前还贷形成的资产中国家税收应收未收的税款部分和各种减免税形成的资产中列为‘国家扶持基金’等投资性的减免税部分界定为国家股，其他减免税部分界定为企业资本公积金。”据此，对集体企业，“国家扶持基金”可区分为投资性的减免税部分和其他减免税部分分别做出处理，前者不可转增企业股本，后者可以转增企业股本。而对于其他企业，专家认为，国家扶持基金虽然是已实现的资本公积，但有其特殊性。税务部门减免税时，坚持要求企业将此列入资本公积下的“国家扶持基金”项目，其目的是为了在政策法规没有明确其可否转增股本之前，将其作为一项特殊的所有者权益项目看待，以暂时不转增股本较妥。如要办理转增，也应取得主管财政或税务或国有资产经营管理部门的批准文件。如果政府部门没有明确的批复，可暂作如下处理：明细账上不调整，仍作为净资产反映，但不折股，以保持原貌；如果证券管理部门等要求原企业的净资产与股份制改组后的股本相等，则暂将该国家扶持基金调至其他长期负债项目反映，并在财务报表附注重要事项等处作适当的披露。

（2）股东大会批准的利润分配方案中分配的股票股利，应在办理增资手续后，借记“利润分配”科目，贷记“实收资本”科目。

经股东大会或类似机构决议，用资本公积转增资本，借记“资本公积——资本溢价或股本溢价”科目，贷记“实收资本”科目。所以，上例中的账务处理为：

借：利润分配	1 000 000	
资本公积——资本溢价或股本溢价	500 000	
贷：实收资本		1 500 000

（3）目前对税后分配，不管是现金股利，还是股票股利，还是盈余公积转增资本，均需要计缴个人所得税，目前还没有这方面的优惠政策。盈余公积转增资本后仍然要不得低于转增资本后注册资本的25%。

2. 公益金的用途

企业计提的公益金主要用于开支企业集体福利设施的购置，主要是医院、幼儿园、理发室、员工活动中心等集体福利性质的支出。任意盈余公积的开支范围由股东大会决定。

3. 盈余公积补亏

法定盈余公积金是根据《公司法》的规定提取的，比例是10%，它的用途主要是弥补亏损、转增资本和在亏损年度发放红利，企业在亏损年度用盈余公积发放红利要在弥补亏损之后并需经董事会批准。

（1）企业用盈余公积金弥补亏损时的分录是：

借：盈余公积——法定盈余公积

贷：利润分配——其他转入

这里弥补亏损与“以前年度损益调整”不相关，也不影响本年的利润表实际发生数据，只是根据上述分录调整资产负债表上的盈余公积和未分配利润栏次的数据即可。

（2）企业的法定盈余公积金超过注册资本50%后可以不再计提，这里只以法定盈余公积金为准进行比较和处理，不含其他的项目；同时提示，新《公司法》不再规定计提法定公益金，故企业可以不再计提法定公益金。

知识链接

1. 实收资本、投入资本与注册资本

实收资本是指投资者按照企业章程或合同、协议的约定实际投入资产的价值，是所有者权益的重要组成部分，是企业设立的必备条件，也是企业从事正常生产经营活动必须的基本资金。

投入资本与实收资本是同一过程的两个方面。实收资本是投资者投资额在企业资产中的具体体现。

我国目前实行的是注册资本制度。《企业法人登记管理条例》规定，除国家另有规定以外，企业的注册资本应当与实收资本相一致。因而，在投资者足额缴纳资本之后，企业实收资本应该等于企业的注册资本。

2. 实收资本增加渠道及核算

企业接受投资者投入的实收资本，通过“实收资本”科目核算。股份有限公司应将本科目改为“股本”科目。企业收到投资者出资超过其在注册资本或股本中所占份额的部分，作为资本溢价或股本溢价，在“资本公积”科目核算。本科目可按投资者进行明细核算。本科目期末贷方余额，反映企业实收资本或股本总额。

实收资本增加方式很多，有投资者直接投入货币资金、直接投入非货币性资金、资本公积转增资本等，也有可转换公司债券持有人行使转换权利，将其持有的债券转换为股票。

可转换公司债券持有人行使转换权利，将其持有的债券转换为股票时的会计分录是：

借：应付债券——可转换公司债券（面值、利息调整）可转换公司债券的余额

资本公积——其他资本公积（其权益成分的金额）

贷：实收资本(股票面值和转换的股数计算的股票面值总额)

资本公积——股本溢价(差额)

【例3－38】某股份有限公司经批准于2009年1月1日发行5年期10 000 000元可转换公司债券，债券票面年利率为6%，按面值发行（不考虑发行费用），并由甲企业全部购买。债券发行一年后可转换为股份，每100元转普通股4股，股票面值1元。假如转换日为2010年1月1日，可转换债券的账面价值为10 600 000元（面值10 000 000元，应计利息600 000元）。假定债券持有者全部将债券转换为股份。账务处理为：

借：应付债券——可转换公司债券（面值）　　10 000 000

——可转换公司债券（利息调整）　　600 000

贷：实收资本　　424 000

资本公积——股本溢价　　10 176 000

【例3－39】甲企业注册资本为10 000 000元。20××年4月1日，甲企业因无力偿还乙企业的5 000 000元债务，双方通过协商决定，将此债务转为资本，乙企业享有甲企业40%的股份。该股份的公允价值为4 500 000元。甲企业的账务处理为：

借：应付账款——乙企业　　5 000 000

贷：实收资本　　4 000 000

资本公积——股本溢价　　500 000

营业外收入——债务重组利得　　500 000

3. 资本公积的概念

资本公积是指投资者或他人投入到企业、所有权归属于投资者、并且投入金额超过法定资本部分的资金。从法律上讲，资本公积不是法定资本，不能核定在企业的实收资本或股本之内，但资本公积可以称为“准资本”，可以按法定程序转增资本。本科目期末贷方余额，反映企业的资本公积。

资本公积不是由企业实现的利润转化而来的，它是由于资本（或股本）溢价、接受捐赠资产、股权投资准备、拨款转入、外币资本折算差额等原因形成的，从本质上讲应属于投入资本的范畴。

4. 盈余公积的概念

盈余公积是指企业按照规定从净利润中提取的各种积累资金。盈余公积的提取实际上是企业当期实现的净利润向投资者分配利润的一种限制。提取盈余公积本身就属于利润分配的一部分，提取盈余公积相对应的资金，一经提取形成盈余公积后，在一般情况下不得用于向投资者分配利润或股利。盈余公积的用途，并不是指其实际占用形态，提取盈余公积也并不是单独将这部分资金从企业资金周转过程中抽出。

企业提取盈余公积主要可以用于以下几个方面。

（1）用于弥补亏损。企业发生亏损时，应由企业自行弥补。弥补亏损的主要渠道如图 3－3 所示：

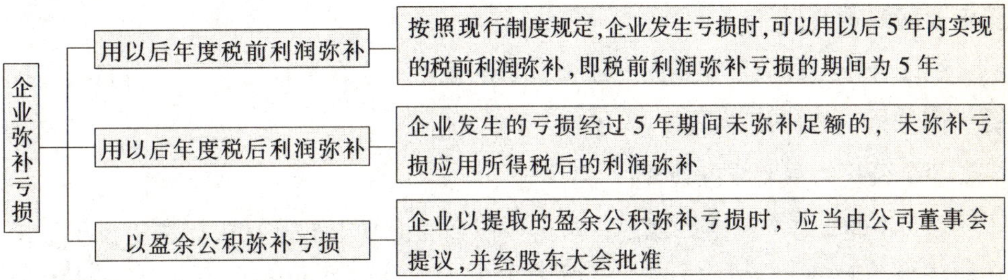

图 3－3　企业弥补亏损的主要渠道

（2）转增资本。

企业将盈余公积转增资本时，必须经股东大会决议批准。在实际将盈余公积转增资本时，要按股东原有持股比例结转。用盈余公积转增资本时，转增后留存的盈余公积的数额不得少于转增前注册资本的 25%。

【例 3－40】 甲企业经过股东大会批准，用任意盈余公积 20 000 000 元转增资本，其账务处理如下：

借：盈余公积——任意盈余公积　　20 000 000

　　贷：实收资本　　20 000 000

企业提取的盈余公积，无论是用于弥补亏损，还是用于转增资本，只不过是在所有者权益内部结构的转换，如企业以盈余公积弥补亏损时，实际是减少盈余公积留存的数额，以此抵补未弥补亏损的数额，并不是引起企业所有者权益总额的变动；企业以盈余公积转增资本时，也只是减少盈余公积结存的数额，但同时增加企业实收资本或股本的数额，也并不引起所有者权益总额的变动。至于企业盈余公积的结存数，实际只表现企业所有者权益的组成部分，表明企业生产经营的一个来源而已，其形成的资金可以变现为一定的货币资金，也可能表现为一定的实物资产，如存货和固定资产等，随同企业的其他来源所形成的资金进行循环周转。

5. 盈余公积的核算

企业从净利润中提取的盈余公积，通过“盈余公积”科目核算。本科目应当分别“法定盈余公积”、“任意盈余公积”进行明细核算。外商投资企业还应分别“储备基金”、“企业发展基金”进行明细核算。本科目期末贷方余额，反映企业的盈余公积。

中外合作经营在合作期间归还投资者的投资，应在本科目设置“利润归还投资”明细科目进行核算。

盈余公积的主要账务处理：

（1）《企业财务通则》规定，法定公积金的提取比率为 10%。法定公积金累计额达到注册资本 50% 以后，可以不再提取。任意公积金提取比例由投资者决议。

企业按规定提取的盈余公积，借记“利润分配——提取法定盈余公积、提取任意盈余公积”科目，贷记“盈余公积”科目（法定盈余公积、任意盈余公积）。

外商投资企业按规定提取的储备基金、企业发展基金、职工奖励及福利基金，借记“利润分配——提取储备基金、提取企业发展基金、提取职工奖励及福利基金”科目，贷记“盈余公积”科目（储备基金、企业发展基金）、“应付职工薪酬”科目。

（2）经股东大会或类似机构决议，用盈余公积弥补亏损或转增资本，借记“盈余公积”科目，贷记“利润分配——盈余公积补亏”、“实收资本”或“股本”科目。

经股东大会决议，用盈余公积派送新股，按派送新股计算的金额，借记“盈余公积”科目，按股票面值和派送新股总数计算的股票面值总额，贷记“股本”科目。

中外合作经营根据合同规定在合作期间归还投资者的投资，应按实际归还投资的金额，借记“实收资本——已归还投资”科目，贷记“银行存款”等科目；同时，借记“利润分配——利润归还投资”科目，贷记“盈余公积”科目（利润归还投资）。

【例 3 - 41】 甲企业 2009 年度的净利润为 100 000 元，没有以前年度亏损，按照 10% 的法定比率提取法定盈余公积 10 000 元。该企业投资者决定按照 5% 的比率来提取任意盈余公积，金额为 5000 元。

提取法定盈余公积时：

借：利润分配——提取法定盈余公积　　10 000

　　贷：盈余公积——法定盈余公积　　10 000

提取任意盈余公积时：

借：利润分配——提取任意盈余公积　　5 000

　　贷：盈余公积——任意盈余公积　　5 000

【例 4 - 42】 2010 年 1 月 10 日，某企业的股东大会决议，用盈余公积弥补以前年度亏损，金额为 500 000 元。账务处理为：

借：盈余公积　　500 000

　　贷：利润分配——盈余公积补亏　　500 000

【例 4 - 43】 2010 年 1 月 20 日，某企业的股东大会决议用盈余公积派送新股，股票面值 10 元，派送的新股总数为 10 000 股，账务处理为：

借：盈余公积　　100 000

　　贷：股本　　100 000

第4章 有来有往
——账目核对

◎实例十八：银企对账不出错

◎实例十九：错账更正不出错

实例十八：银企对账不出错

一家中型化工厂存入 160 万元的转账支票，被银行存入了紧挨账号的小型工厂的账户上，这家小厂当时正需要资金，向银行申请贷款又缺乏担保人，这时小厂的老板发现其账户上突然多了 160 万元，他就马上动用了这笔资金，用于购买生产所需的设备。等几个月后化工厂发现 160 万元未到账户时，才知道是银行记串了账户，于是这家化工厂跟银行打起了官司。

难点解析

1. 忽视对账存在风险隐患

岁末年初是银行、企业进行财务核算的关键时期，这个时候银行和企业都需要核对账目，轧平账务，查清错账、乱账等。

然而有些企业和银行对于开展银企对账并不积极，自以为自己是铁账、铁款、铁电脑，可事实并不像想象得那样简单。每年发生的大量案件说明，由于银企长年缺乏勾对账目，使一些银行、企业内部及外部的不法分子伪造票据、制造假账连连得逞，错账案件长期潜伏在银企账内，给企业和银行造成数百、数千万元的资金损失。

每个企业都在银行开立多个账户，有结算账户、贷款账户、专项账户、辅助账户等，有的企业为融资需要或躲藏资金等，大肆在银行多头开户。这些账户虽然在某些方面为企业提供了一定便利，但也隐藏着一些潜在风险。这些账户每年都会发生大量的业务往来，其中不免也会出现个别错账、漏账。为了保证这些账务的相符，大多企业和银行都采取经常勾对账目，查清未达账项，及时入账，防患于未然，杜绝了财务案件事故的发生。可也有一些企业、银行对银企对账不重视，工作粗心大意，酿成大错误，造成大案件，带来大损失。

一家大型企业就发生了这样一件事，由于财务人员的疏忽大意，一笔110万元的货款先后出现两次支付，由于企业不及时与开户银行对账，货款错付几个月后才被发现，随后虽然采取了积极措施进行了追缴，可此款早被挪作他用。

像这样的事不仅发生在企业身上，银行也会出现类似的问题，有时银行对收入、支付凭证在审查时不注意，也会出现记账串户问题，将A企业的钱，误计入给B企业。

从目前来看，无论是企业、还是银行，虽然都有很多所谓的制度进行制约，但是工作上的失误、犯罪分子的内外勾结等，都会对企业、银行账户带来损害，甚至会造成不可挽回的损失。

2. 各司其责扎紧篱笆墙

对企业而言，要防患于未然，就要建立会计人员按时对账责任制，对每月发生的企业、银行往来账项进行核对，坚持做到日清月结，对未达账项要建立台账，注明原因，有条件的企业要建立企业网上银行，进行网上结算，这样更直接、更便捷进行账务处理和账务监督，及时发现问题。同时企业的负责人要树立金融理财意识，对企业的损益情况要经常检查，特别对大额款项的划转要建立严格的签批制度，做到心中有数，防止出现各类财务差错事故。

对银行来说，保证银企账款安全更是义不容辞的责任，各商业银行要把做好银企对账工作作为强化内控管理的一项重要措施来抓，落实对账工作的领导责任、直接责任，要做到加强三个落实和抓好五个到位。

加强三个落实：

（1）岗位要落实。在每个支行或营业网点，必须设置有专门的银企对账岗位或柜台，专司银企对账工作，改变对账工作采取兼岗、混岗或临时指定柜台的应付现象，保证银企对账工作的经常性和实时性。

（2）人员要落实。根据岗位设置及本营业网点人员配备情况，合理安排柜台人员，指定一名专职或多名兼职对账员，负责柜台实时对账和面对面银企对账，并要保证专职或兼职人员有一定的时间和精力进行银企对账工作。

（3）责任要落实。制定对账岗位工作职责和对账人员的对账工作考核制度，实行对账率指标考核，根据本网点客户账户设置和业务发生情况规定每月的对账达标率，逐月检查，作为对账员绩效考核内容之一，实施奖优罚劣，以调动对账员的工作积极性和主动性。

抓好五个到位：

（1）宣传到位。发挥每个柜员的柜台宣传作用，加强对客户进行经常性的银企对账重要性和必要性的宣传，并利用营业网点的宣传橱窗或宣传栏，张贴有关银企对账的具体规定和要求，形成动、静结合的宣传氛围，加深客户对银企对账重要意义的认识，并通过客户经理的外勤营销活动，将银企对账宣传工作深入企业客户。

（2）管理到位。建立健全银企对账长效管理机制。分管行长（主任）为本行银企对账达标情况的第一责任人，必须强化对银企对账工作的领导；业务管理部门为本行银企对账工作的主要责任人，必须负责对银企对账工作的监督管理；网点主任（主管）为银企对账工作的直接责任人，对本网点银企对账工作负有直接管理和直接经办的双重责任。同时建立健全对账工作管理台账，妥善保管每月对账台账的完整记录，逐月保存，不得覆盖，以备核查，并对余额达到重点对账规定的账户纳入重点账户对账台账管理，网上银行账户、电话银行账户等应纳入重点账户对账范围。

（3）检查到位。业务管理部和网点主任、业务主管必须坚持每月定期检查本网点银企对账情况，包括检查对账员履职情况、对账单发出回收及保管情况、重点账户对账情况、对账结果核实情况、客户对对账的反馈情况等，发现问题，立即整改。

（4）服务到位。柜台内部服务要优良，即做到每月对账单整理快捷、动作熟练、分类整齐、盖章清晰、排放有序、保管规范、发放及时、态度热情、解释清楚；外部服务要注意形象，行为规范，并应把上门送单和收单、直接面对面对账作为提高对账率的重点措施加以实施。

（5）核实到位。对账结果关系到银行和客户资金安全问题。如果只发了对账单而没有认真核对结果等于没有对账，潜在的账务差错和风险就无法及时发现。因此，必须认真核实对账情况，包括对账单发单数、收回数、账务核对结果，重点账户是否百分之百核对相符，所有的银企账务是否真的核对并分文不差，客户是否签章确认等。发现差异应立即换人核实，必要时派人上门与客户再次面对面核对，查清差异原因，及时逐级汇报，并按规定采取相应措施正确处理，处理过程及结果应形成书面说明加以保存，以备查考。

知识链接

1. 何谓对账

对账是指会计核算中对账簿记录所进行的核对工作。通过对账，可以保证各种账簿记录的真实与完整，有利于做到账证、账账、账实相符。

会计核算是一项严密细致的工作，它有一套特有的核算方式和体系，在核算资料之间存在着相互依存、相互衔接、相互验证的联系。这种内在的相互关系，就为对账提供了有利的条件。对账工作一般可分为内部对账和外部对账两个方面：

（1）内部对账。内部对账是指对本单位内部的账证、账账、账实之间的核对，内部对账通常在规定的时间进行，如月末、季末、年终等时间进行。

（2）外部对账。外部对账是指凡与本单位有结算关系的单位，彼此进行核对，如金额和收付时间是否相符，经常有往来关系的单位，一般每月核对一次，如银行存款对账。外部对账有的由对方主动来进行，有的则由本单位主动来查对，其中对一些必须进行查对的款项，可随时查对。

如实反映企业经济活动情况，是会计核算的基本原则，但在实际工作中，有时难免会发生各种差错和账实不符的情况，如在编制记账凭证时的差错，记账或过账时的差错，数量或金额计算时的差错以及在财产清查中发生盘盈、盘亏等等。发生这些差错或产生的溢缺，都必然造成账证不符、账账不符和账实不符等现象。这些现象的产生，有的是由于手工操作失误而造成的，有的是由于会计人员疏忽大意，有的却是某些人员的不良行为或某些财产物资的自然原因所造成的。因此，企业在结账之前，就有必要核对各种账簿的记录有无差错。这种账前对各种账簿记录的核对，就称为“对账”。

对账是会计工作中的一个重要环节，只有核对账证相符、账表相符、账实相符，如实地反映企业经济活动情况，才能提供符合实际的会计信息。

2. 对账的主要内容

对账就是核对账目，是指会计人员对账簿记录进行核对的工作。会计核算的首要原则是客观性原则，要以实际发生的经济业务为依据，真实地反映企业的财务状况和经营成果。通过对账，可以及时发现账务处理过程中的错误，以保证账簿记录的真实性、完整性和正确性，最终为编制财务报表提供真实可靠的会计核算资料。对账是会计工作的一项重要内容。对账的主要内容包括：

（1）账证核对。账证核对就是将各种账簿记录与记账凭证及其所附原始凭证进行核对，以求账证相符，这是保证账账、账实、账表相符的基础。

①现金日记账、银行存款日记账与现金、银行存款收、付款记账凭证及所附的原始凭证相核对。

②明细分类账与全部记账凭证及所附原始凭证相核对。

③总分类账与据以记账的凭证相核对，可以是科目汇总表或分类汇总记账凭证，也可以是全部收款、付款、转账凭证。

（2）账账核对。账账核对就是对本单位各种账簿之间的记录进行核对，以求账账相符。账账核对的具体内容包括：

①总分类账全部账户的借方发生额合计与贷方发生额合计核对相符。

②总账各账户的期末余额与其所属的各明细账的期末余额合计数核对相符。

③现金日记账、银行存款日记账的本期发生额和期末余额应与总账中现金账户、银行存款账户的本期发生额和期末余额核对相符。

④会计部门的各种财产物资明细账的期末余额，与财产保管部门或使用部门的财产物资明细账的期末余额核对相符。

（3）账实核对。账实核对是对各种财产物资的账面余额与实有数核对。核对的具体内容包括：

①现金日记账的账面余额应与库存现金实有数逐日核对相符。

②银行存款日记账、银行借款明细账的余额应定期与银行对账单核对。

③各种财产物资明细账的账面结存数量应定期与财产物资实存数核对相符。

④各种应收、应付账款明细账的账面余额应与有关债权人、债务人的明细账记录核对相符。

（4）账表核对。账表相符是指账簿记录与据其编制的各种财务报表有关数字相符，以保证财务报表的真实性、可靠性。

《会计法》第十七条规定："各单位应当定期将会计账簿记录与实物、款项及有关资料相互核对，保证会计账簿记录与实物及款项的实有数额相符、会计账簿记录与会计凭证的有关内容相符、会计账簿之间相对应的记录相符、会计账簿记录与财务报表的有关内容相符。"

《会计基础工作规范》要求各单位的对账工作每年至少进行一次。

3. 对账的方法

由于对账的内容不同，对账的方法也有所不同。一般的核对方法如下：

（1）账证核对。它是将原始凭证、记账凭证与账簿记录进行核对，看其内容、数量、金额和会计科目是否两相符合。由于逐笔核对的工作量较大，一般可以采取抽查核对办法。如果发现差错，则应逐笔核对，直到查出差错原因为止。

（2）账账核对。

①总分类账的核对。检查各总分类账户的登记是否正确，可通过编制总类账户试算表（又称对照表）进行检查。试算表的格式有三种：

• 余额式，即将资产、负债、所有者权益各账户的余额列示相加，看其是否平衡。

• 发生额式，即将各账户的借、贷方本期发生额相加，看其是否平衡。

• 发生额式及余额式，既列示各账户的本期发生额，又列示其期初、期末余额，看其借、贷方发生额及余额是否平衡。以上核对结果如有不平，则说明记账有差错，就应查明更正。

②总分类账户与所属明细分类账户的核对。一般有两种方法：

• 通过编制本期发生额及余额明细表或财产物资收、发、结存表与总分类账户进行核对，如有不符，再进一步查找差错原因。

• 将各明细分类账户余额相加的合计数，直接与有关总分类账户的余额核对，以省略上述明细表的编制工作。

③财产物资明细账户与财产物资保管账（卡）的核对。一般是将明细账的数量（或金额）余额，直接与保管账（卡）的数量（或金额）余额核对，如有不符，再进一步查找原因。

（3）账表核对。账表核对是会计账簿记录与财务报表有关内容核对相符的简称。保证账表相符，同样也是会计核算的基本要求。由于财务报表是根据会计账簿记录及有关资料编制的，两者之间存在着相对应的关系。因此，通过检查财务报表各项目的数据与会计账簿有关数据是否一致，确保会计信息的质量。

（4）账实核对。账实核对必须采取盘点的方法。固定资产、库存商品、材料物资、现金和工业企业的材料、在产品、产成品等，都应通过实物盘点，与账存数进行核对。如发生盘盈盘亏，应先调整账存数，将溢缺转入“待处理财产损溢”账户，待查明原因报经批准后处理。

此外，对结算中的债权、债务，可通过对账单、函询、走访等方式与对方核对，以确定其实有数。经过核对，如发现有差错，其责任在本单位的，由本单位更正；如责任在对方的，应通知对方更正。

4. 银行存款的清查

银行存款的清查与实物、现金的清查方法不同，它是采用与开户银行核对账目的方法进行的。在同银行核对账目之前，亦检查本单位银行存款日记账的正确性和完整性，然后，与银行对账单逐笔核对。尽管银行对账单与本单位银行存款日记账所记录的内容相同，但是，银行对账单上的存款余额与本单位银行存款日记账上的存款余额仍会出现不一致。这除了本单位与银行之间的一方或双方同时记账有错误外，另一个原因就是双方往往会出现未达账项。所谓未达账项，是指在开户银行和本单位之间，对于同一款项的收付业务，由于凭证传递时间和记账时间的不同，发生一方已经入账而另一方尚未入账的会计事项。开户银行和本单位之间的未达账项有四种情况，如表4－1所示：

表 4－1　　未达账项的四种情况

收入	企业已入账	银行未入账	如将销售收回的银行支票送存开户银行
支出	企业已入账	银行未入账	如企业购买材料签发银行动票，支票尚未送到开户银行
收入	企业未入账	银行已入账	如银行代企业收入一笔应收账款，票据尚未转到企业
支出	企业未入账	银行已入账	如银行收取企业银行债款的利息，票据尚未转到企业

上述任何一种未达账项的发生，都会造成开户银行与本单位账面余额不一致。因此，在核对双方账目时，必须注意有无未达账项。对于双方账目上都有的

记录，画上“√”的标记，无标记的则可能是未达账项。依据未达账项编制银行存款余额调节表，检查银行存款日记账记录的正确性。

5. 银行存款余额调节表的编制方法

银行存款余额调节表的编制方法主要有两种：一种是余额调节法；另一种是差额调节法。

（1）余额调节法。余额调节法是指编制调节表时，在双方（开户行和企业各为一方）现有银行存款余额基础上，各自加减未达账项进行调节的方法。

调节的方式又有两种：一种是补记式，即双方在原有余额基础上，各自补记对方已入账而本单位尚未入账的账项（包括增加和减少款项），然后检查经过调节后的账面余额是否相等，用等式表示，即：

企业银行存款日记账余额＋银行已收入账企业尚未入账账项－银行已付入账企业尚未入账账项＝银行对账单余额＋企业已收入账银行尚未入账账项－企业已付入账银行尚未入账账项

另一种是还原式，又称冲销式，即双方在原有余额基础上，各自将本单位已入账而对方尚未入账的账项（包括增加和减少款项），从本单位原有账面余额中冲销，然后检查经过调节后的账面余额是否相等，用等式表示，即：

企业银行存款日记账余额＋企业已付入账银行尚未入账账项－企业已收入账银行尚未入账账项＝银行对账单余额＋银行已付入账企业尚未入账账项－银行已收入账企业尚未入账账项

下面举例说明如何用补记式和还原式两种方法编制银行存款余额调节表。

【例4－1】某企业接到开户银行的对账单，银行对账单余额为90 458.5元，企业银行存款日记账余额为82 024.5元。经核对找出下列未达账项：

企业已收入账、银行尚未入账：企业将销售收入的银行支票送存开户银行2000元。

企业已付入账、银行尚未入账：企业因购买材料和支付劳务费用签发银行支票如下：

转账支票支票号码Ⅷ2944720，金额2000元。

转账支票支票号码Ⅷ2944723，金额1930元。

转账支票支票号码Ⅷ2944727，金额3369.50元。

转账支票支票号码Ⅷ2944730，金额192.50元。

现金支票支票号码ⅢⅡ0520940，金额 1492 元。

现金支票支票号码ⅢⅡ0520943，金额 500 元。

银行已收入账，企业尚未入账：银行代企业收到一笔应收账款 1000 元。

银行已付入账，企业尚未入账：银行收取企业办理结算的手续费和电报费分别为 12.50 元和 37.50 元。

根据上述资料采用余额调节法的补记式和还原式分别编制调节表，如表 4-2、表 4-3 所示。

表 4-2　　银行存款余额调节表

（采用补记式）　　单位：元

金 额	项 目	金 额	项 目
银行存款日记账余额	82 024.50	银行对账单余额	90 458.50
加：银行已收入账 企业尚未入账 减：银行已付入账 企业尚未入账	1000 12.50 37.50	加：企业已收入账 银行尚未入账 减：企业已付入账 银行尚未入账	2000 2000 1930 3369.50 192.50 1492 500
调节后余额	82 974.50	调节后余额	82 974.50

表 4-3　　银行存款余额调节表

（采用还原式）　　单位：元

金 额	项 目	金 额	项 目
银行存款日记账余额	82 024.50	银行对账单余额	90 458.50
加：企业已付入账		加：银行已付入账	
银行尚未入账	2000	企业尚未入账	12.50
	1930		37.50
	3 369.50	减：银行已收入账	

续表

金　额	项　目	金　额	项　目
	192.50	企业尚未入账	1000
	1492		
	500		
减：企业已收入账			
银行尚未入账	2000		
调节后余额	89 508.50	调节后余额	89 508.50

（2）差额调节法。银行存款余额调节表的编制，除了上述余额调节法外，还有一种差额调节法。

差额调节法是根据未达账项对双方银行存款余额的差额影响数额进行调节。用等式表示为：

企业银行存款日记账余额 - 银行对账单余额 = 银行未达账项影响的差额 - 企业未达账项影响的差额

采用差额调节法编制调节表，如表4-4所示。

表4-4　　银行存款差额对比表

项　目	金额	项　目	金额
双方现有余额		未达账项影响的差额	
银行对账单余额	90 458.50	银行已收入账,企业尚未入账 银行已付入账,企业尚未入账	1000 -12.50 -37.50
		企业未达账项影响的差额	950
银行存款日记账余额	82 024.50	企业已收入账,银行尚未入账 企业已付入账,银行尚未入账	-2000 2000 1930 3369.50 192.50 1492 500
		银行未达账项影响的差额	7484
双方余额差额	8434	未达账项影响的差额合计	8434

差额调节法的原理为：由于银行对账单的余额大于银行存款日记账余额8434

元，可以逐个分析未达账项对产生这个差额的影响，凡是对产生这个差额起促进作用的记为“正数”，凡是对产生这个差额起反面作用的记为“负数”，正负相抵后如差额正好是 8434 元，则说明二者对上账了；反之，则说明记账错误，应及时查明原因予以更正。

需要指出的是，编制银行存款余额调节表的目的，只是为了检查账簿记录的正确性，并不是要更改账簿记录。对于银行已经入账而本单位尚未入账的业务和本单位已经入账而银行尚未入账的业务，均不做账务处理，待以后业务凭证到达后，再作账务处理。对于长期闲置的未达账项，应及时查阅凭证、账簿及有关资料，查明原因，及时和银行联系，查明情况，予以解决。

实例十九：错账更正不出错

某企业在核对记账凭证与账簿记录时，发现财务差错，应当及时予以更正。那么用什么方法更正？怎样更正？

以银行存款预付下年度报纸杂志订阅费 800 元，填制记账凭证时将应借科目误写为“其他应付款”，并已登记入账。

难点解析

（1）如果本月未结账，则可以把记账凭证重作借“预付账款”，贷“银行存款”，然后根据改过的凭证重新更正账簿记录，用红线划掉“其他应付款”的记录，并加盖作废章，然后再记入“预付账款”账。

（2）如果本月已结账，就在下月先用红字冲掉那张凭证，然后再作正确分录登账即可。即：

①用红字冲销。

借：其他应付款　　800（红字）

　　贷：银行存款　　800（红字）

②正确记账。

借：预付账款　　800（蓝字）

　　贷：银行存款　　800（蓝字）

或

借：管理费用　　800

　　贷：银行存款　　800

知识链接

面对错账，一些财务人员就不知所措，甚至会犯更严重的错误。其实，掌握以下要点，就可以避免犯错。

1. 错账的性质及成因

填制会计凭证或登记账簿发生的差错，一经查出就应立即予以纠正。由于差错性质不同，发现的时间也有先有后，因而采用的更正方法就有所不同。

（1）因记账凭证本身错误造成的错账。错账性质：不符合会计原理、准则、制度的错误以及计算错误，造成错误记账凭证入账，最终导致错账。具体有会计科目运用错误、记账方向错误和金额错误。

按照财政部颁布的会计基础工作规范的规定，发生以上情况，应运用红字冲销法或补充登记法予以纠正。

（2）记账凭证无误，只是登记入账或结计发生额和余额时发生错误。错账性质：记账（也称登账，或过账）时发生的错误，主要表现为重记、错记。

错记又表现为错记摘要、错记会计科目、错记记账的方向、错用记账墨水、错记金额。

按照财政部颁布的会计基础工作规范的规定，发生了重记或错记情况，应运用划线更正法予以纠正。至于漏记，发现后通过补记即可。

2. 错账的查找方法

如果账簿记录有误，应及时查找。查找错账，可采用两种方法：一是抽查法；二是详查法。

（1）抽查法。

①差数法。差数法即是根据错账的差数，回忆查找所发生的经济业务和账簿、凭证中，有无与错账相同的数字，这种办法对于发现漏记账目最为简便。例如，一笔业务只在借方账户做了记录，而贷方账户则漏记了，或者相反，则差数

即是漏记账目的数字。

②除2法。除2法即是先将差数用2来除，如果能除尽，有可能是一方重复记录的错误，且商数就可能是重记的数字。因为如果记账记错了方向，如应记贷方的记成了借方或者相反，就使一方的合计数加大，而另一方的合计数减少，其差数正好是记错了方向数字的1倍。例如，已查明，借方合计数大于贷方合计数360元，除以2得180元。这时就可以查找有无一笔180元的贷方记录被错记为借方记录。

③除9法。除9法即先将差数用9来除，如果能除尽，可能属于下列三种情况之一。

• 顺序错位。例如，将300写成3 000或30 000、30以及3等，这样就将原来的数字扩大或缩小了9倍、99倍，等等。因此，如果差数能被9或99以及999等除尽，则所除得的商数就是错位的数字。根据商数或者将商数扩大或者缩小10倍、100倍、1 000倍等之后，就能查找到写错的数字。例如，已查明，借方合计数大于贷方合计数2 700，用9来除商数为300倍，这时就查有无一笔3 000的贷方记录错记为300。

• 两位数的两个数字颠倒，其差数都是9的倍数，被9除以后的商数正好等于这个两位数中的两个数字的差额。例如，把98颠倒为89，其数为9（98－89），差数以9所得商数为1，颠倒的两个数字之差也为1；又如，把13颠倒为31，其差数为18，用18除以9所得商数为2，颠倒的两个数字之差也为2……这种情况很多，为了使用方便，特列“两位数颠倒便查表”，如表4－5所示。

表4－5　　两位数颠倒便查表

大数颠倒为小数									差数	小数颠倒为大数								
89	78	67	56	45	34	23	12	01	9	10	21	32	43	54	65	76	87	98
	79	68	57	46	35	24	13	02	18	20	31	42	53	64	75	86	97	
		69	58	47	36	25	14	03	27	30	41	52	63	74	85	96		
			59	48	37	26	15	04	36	40	51	62	73	84	95			

续表

大数颠倒为小数									差数	小数颠倒为大数								
				49	38	27	16	05	45	50	61	72	83	94				
					39	28	17	06	54	60	71	82	93					
						29	18	07	63	70	81	92						
							19	08	72	80	91							
								09	81	90								

根据表 4－5，当出现错账时，可推断有哪些两位数中的两个数字之差等于所发生的差数除以 9 后的商数，并据以查找记账金额中的这个颠倒数。例如，已查明，借方合计数大于贷方合计数 36，除以 9 商数为 4，根据这个商数，见表中第 4 行，则有可能贷方是把 84 写成 48，或者把 73 写成 37、62 写成 26、51 写成 15、95 写成 59，等等。又在记账金额中查到有 51，则就有可能是这个数颠倒为 15。

• 三位及三位以上的数中相邻两个数字顺序颠倒。正确数与错误数的差额也是 9 的倍数，被 9 除后的商数其首位数字以下的数字都是 0，且商数的首位数字正好等于颠倒的两个数字之差，如表 4－6 所示。

表 4－6　　多位数颠倒便查表

正确数	颠倒数	差数	差数除以 9 后的商数	颠倒的两个数字之差
254	245	9	1	1
3216	3126	90	10	1
2316	3216	900	100	1
7846	7864	18	2	2
7864	7684	180	20	2
9374	9347	27	3	3
9374	9734	360	40	4
8367	3867	4500	500	5
⋮	⋮	⋮	⋮	⋮

由此我们可以得出如下结论：三位及三位以上的数中相邻两个数字颠倒，其差数被9除以后，若得到商数是一位数，则是这个数中最末两个数字颠倒。若得到商数是两位数，个位是0，则是这个数中的百位与十位数颠倒，若得到商数是三位数，且个位与十位均为0，则是这个数中的千位与百位颠倒，以此类推。例如，经查明，借方合计数大于贷方合计数630，除以9商数为70，则查记账金额中是否有一笔三位或三位以上的数中百位与十位数弄颠倒了。

（2）详查法。详查即全面检查。当用抽查法仍不能找出错误所在时，就可考虑采用这种办法。详查法可以分为顺查法和逆查法两种。

①顺查法。顺查法指按照记账顺序，以原始凭证开始，逐步查到账户发生额及余额试算平衡表为止。

首先，核查记账凭证是否与所附原始凭证相符，凭证中数字与合计的计算有无差错。

其次，将记账凭证及所附原始凭证有关总分类账、明细分类账及日记账逐笔进行核对，检查有无漏记、重记及错记等情况。

再次，检查账户发生额试算表的抄写是否正确，结算是否正确。

②逆查法。逆查法指按照记账的相反顺序，从账户发生额及余额试算平衡表开始，一直查到原始凭证为止。

首先，核算账户发生额及余额试算平衡表中的数字及抄写是否正确。

其次，逐笔核对有关账簿记录与记账凭证是否相符。

再次，核查记账凭证与所附原始凭证是否相符。

3. 错账更正方法具体运用

记账出现错误时，不能随意涂改，必须按照规定的办法予以更正。更正方法主要有：划线更正法、红字更正法、补充登记法。

（1）划线更正法。这种办法主要用于更正在结账前发现的账簿记录中的文字或数字错误。更正时，在错误处划一红线，以示注销。划线时，要划出错误文字或数字的整个数码，不能只划其中个别数码。然后在红线上空白处填上正确的数字或文字，并由更正人员在更正处盖章以示负责。例如把203.68误写为

223.86，则应作如下更正：

203.68

~~223.86~~ 更正人盖章

（2）红字更正法。这种办法主要适用于以下情况：记账凭证用错了会计科目，借贷方向记反了，记账金额书写错误等。其更正办法是：

①填制一张内容与错误凭证完全相同的金额是红字的记账凭证，在摘要栏中注明“更正×号凭证错误”，并据以用红字金额登记入账，冲销原有的记录。

②用蓝字填制一张符合经济业务内容的记账凭证，并据以登记入账。

【例 4－2】某企业销出一批商品，计 500 元货款已通过银行收到。会计人员在填制记账凭证时，误将金额写成 5 000 元，并已据此登记入账。原错误会计分录如表 4－7 所示。

表 4－7

记账凭证

2009 年 12 月 5 日　　　　银付字第 014 号

摘要	会计科目		借方金额											贷方金额											记账√
	总账科目	明细科目	亿	千	百	十	万	千	百	十	元	角	分	亿	千	百	十	万	千	百	十	元	角	分	
收到商品销售款	银行存款							5	0	0	0	0	0												
	主营业务收入																		5	0	0	0	0	0	
附件 4 张	合计						¥	5	0	0	0	0	0					¥	5	0	0	0	0	0	

会计主管：　　记账：　　出纳：　　审核：　　制单：

更正时，将多记金额 4 500 元，用红字填制一张与原错误记账凭证内容完全相同记账凭证，其会计分录如表 4－8 所示。

表 4-8 **记账凭证**

2009 年 12 月 6 日 银付字第 022 号

摘 要	会计科目		借方金额											贷方金额											记账√
	总账科目	明细科目	亿	千	百	十	万	千	百	十	元	角	分	亿	千	百	十	万	千	百	十	元	角	分	
更正 2009 年 12 月 5 日银付字第 014 号凭证	银行存款							4	5	0	0	0	0												
	主营业务收入																		4	5	0	0	0	0	
附件 张	合 计						¥	4	5	0	0	0	0					¥	4	5	0	0	0	0	

会计主管： 记账： 出纳： 审核： 制单：

把此记账凭证登记入账后，有关账户中的原错误记录便得到更正，如图 4-1、图 4-2 所示。

主营业务收入

借方	贷方
	5 000
	[4 500]

图 4-1

银行存款

借方	贷方
5 000	
[4 500]	

图 4-2

（3）补充登记法。此办法主要用来更正当记账以后，记账凭证中的会计科目正确，但所填金额小于应填金额而产生的错误。更正方法是：将少记金额用蓝字填制一张与原错误记账凭证内容完全相同的记账凭证，在摘要栏中注明“更正×月×日第×号凭证错误”。并据以用蓝字登记入账，以补充原少记金额。

【例 4-3】 本单位职工李某预借差旅费 1 600 元，在填写记账凭证时，误写成1 400 元，并据以登记入账，其记账凭证如表 4-9 所示。

表 4－9　　　　　　　　　　**记账凭证**

单位名称：

科目：　　　　　　　　　　2009 年 12 月 11 日　　　　　　　　　　现付字第 033 号

摘　要	总账科目	明细科目	借方金额											贷方金额											√
			亿	千	百	十	万	千	百	十	元	角	分	亿	千	百	十	万	千	百	十	元	角	分	
支付李某预借差旅费款	其他应收款	李某						1	4	0	0	0	0												
	库存现金																		1	4	0	0	0	0	
合　计							¥	1	4	0	0	0	0					¥	1	4	0	0	0	0	

附件　张

会计主管：　　　记账：　　　出纳：　　　审核：　　　制单

更正时，再填制一张记账凭证，补充少记的 200 元。其记账凭证如表 4－10 所示。

表 4－10　　　　　　　　　　**记账凭证**

单位名称：

科目：　　　　　　　　　　2009 年 12 月 11 日　　　　　　　　　　现付字第 036 号

摘　要	总账科目	明细科目	借方金额											贷方金额											√
			亿	千	百	十	万	千	百	十	元	角	分	亿	千	百	十	万	千	百	十	元	角	分	
更正本月现付字第 033 号凭证	其他应收款	李某							2	0	0	0	0												
	库存现金																			2	0	0	0	0	
合　计								¥	2	0	0	0	0						¥	2	0	0	0	0	

附件　张

会计主管：　　　记账：　　　出纳：　　　审核：　　　制单：

将以上记账凭证登记入账后，则有关账户的错误得以更正，如图 4－3、图 4－4 所示。

库存现金

借方	贷方
	1 400
	200

图 4－3

其他应收款

借方	贷方
1 400	
200	

图 4－4

以上会计差错及其更正方法，可汇总列表如表 4－11 所示。

表 4－11　　会计差错及更正方法对应表

错误类型	更正法	
记账凭证正确、账簿记录有错误	划线更正法	
记账凭证错误、未登记入账	重新编制记账凭证	
记账凭证错误、且已登记入账	会计科目错误	红字更正法
	金额多记	红字更正法
	金额少记	补充登记法

4. 会计电算化方式下的错账性质、成因及更正方法的应用

会计电算化方式下的错账性质，由凭证错误而引起，也就是说，在计算机正常运行情况下，只存在记账凭证错误导致的错账，不存在登记入账的记账错误，也就不存在划线更正法。

手工方式下的补充登记法和非全额红字冲销法，在会计电算化方式下是不宜采用的。在会计电算化方式下，本年度内发现因记账凭证所发生的任何错误，都应采用全额红字冲销法进行错账更正，强调必须是全额冲销，即填制一张与错误凭证内容一致、有明确的摘要说明、金额为红字的记账凭证，然后再填制一张正确的记账凭证，并据以入账。

如此规范会计电算化方式下的错账更正方法具有重要意义。

（1）采用补充登记法或非全额红字冲销法更正错账，存在应用上的局限性，不能很好地满足计算机自动对账的需要，尤其是无法满足计算机自动进行往来对账的要求。

往来自动对账是指计算机根据对账依据进行自动核对、勾销。往来对账是将本单位的账与有往来关系的对方单位的账进行核对。对方单位账就是对方单位提

供的对账单。对账前需要将对账单录入或导入到本单位的计算机系统中。本单位的账，在记账后自动产生。计算机实现往来自动对账的前提条件就是对账的依据必须一致，自动对账的依据包括金额相等、方向一致、结算方式和结算票号相同，只有这几个条件同时满足时，才能实现自动对账。如果一笔经济业务被人为地分割成几笔记录数字，计算机将无法自动识别，对账的勾对工作将无法自动实现，虽然会计软件在提供自动对账功能的同时也提供了手工对账的功能，可以进行人工判断进行干预，确认相符后实行强制对账，以防止由于人为差错造成的结算方式、结算票号误输而影响对账，但这势必会大大地增加会计人员的工作负担，失去了为提高工作效率而利用计算机实现自动对账的意义。

（2）采用补充登记法或非全额红字冲销法，不能正确反映账簿中的发生额和科目对应关系，不能完整地反映出经济业务或事项的原貌，审计线索缺乏直观性，也不利于会计电算化的账务自动取数工作。

采用红字冲销法，不仅符合会计原理，而且能清晰地反映账簿中的发生额和科目对应关系，而且还完整地反映出了经济业务的来龙去脉和资金运动的来踪去迹，更符合会计电算化的自动对账要求。

第5章 “家”、“国”两不误
——涉税会计

◎实例二十：税务登记及发票管理

◎实例二十一：涉税会计处理

实例二十：税务登记及发票管理

1. 发票填开不出错

公司将自己的房产出租，没有服务业发票，只有商业企业发票，那么是应该到地税局领取服务业发票还是可以直接开商业企业发票？应该缴什么税，税率是多少？

2. 开业税务登记不出错

小陈应聘到一家新成立的公司。到公司的第二天，老板就让他到税务局办理税务登记。他不知道该怎么办。

难点解析

1. 发票填开

出租房产收到的租金应该到地税局领取服务业发票开具，不得开具商业企业发票，否则国税局可以按乱开发票对企业处以 1 万元以下的罚款，同时地税局也可以按不按规定领取、开具发票对企业进行处罚。

企业取得的房产租赁收入按 5% 缴营业税；按实际计缴的营业税计缴城建税及附加；按租金的 12% 计缴房产税，按租金收入 1‰计缴印花税，然后租赁净收益（收入减去相应的成本、费用、税费）计征企业所得税。

相应的税款除印花税在签订合同时一次性计缴外，其他的税款一般是在次月 10 日前一并计缴。

2. 纳税人如何办理开业税务登记

各类企业、企业在外地设立的分支机构和从事生产、经营的场所，个体工商户和从事生产、经营的事业单位，应当自领取营业执照之日起 30 日内，向所在地税务机关申请办理税务登记。

其他纳税人应当自依照税收法律、行政法规成为纳税义务人之日起 30 日内向所在地税务机关申请办理税务登记。

具体申请程序如下：

纳税人在规定的期限内，向区县局税务登记管理部门提交营业执照或其他核准执业证件申请办理开业登记。领取并填写相应的《税务登记表》和《纳税核定表》。

纳税人按规定填写完相应的表格后，将表格提交给区县局税务登记管理部门，并附送下列资料：

（1）营业执照或其他核准执业证件原件及复印件。

（2）有关机关、部门批准设立的文件。

（3）有关合同、章程、协议书。

（4）法定代表人和董事会成员名单。

（5）法定代表人（负责人）或业主居民身份证、护照或者其他证明身份的合法证件。

（6）组织机构统一代码证书及复印件。

（7）住所或经营场所证明。

（8）区县局税务登记管理部门需要的其他资料、证件。

知识链接

纳税人如何办理税务登记证验证、换证？

税务机关对税务登记证件实行定期验证和换证制度。

具体办理手续如下：

纳税人按照主管税务机关税务登记验证、换证或联合年检的公告要求时间，到区县局税务登记管理部门领取并填写《税务登记验证（换证）登记表》，办理税务登记验证、换证或联合年检。

纳税人办理税务登记验证、换证或联合年检时，应提交以下资料：

（1）《税务登记证》（正、副本）。

（2）工商行政管理部门发放的证照副本。

（3）法定代表人（负责人）或业主的居民身份证、护照或者其他证明身份的合法证件复印件。

（4）组织机构统一代码证书。

（5）《税务登记验证（换证）登记表》。

（6）主管税务机关需要的其他资料、证件。

实例二十一：涉税会计处理

1. 出售旧固定资产纳税处理不出错

公司销售一台使用过的推土机，是否应该到国税局开销售发票？需要缴什么税呢？税率是多少？如何做会计分录？

2. 进货退回与进货折让涉税处理不出错

企业购进货物后，由于各种原因，可能会发生全部退货、部分退货与进货折让等事项。对此，应分别不同情况，进行不同的账务处理。

3. 销售退回的所得税会计处理不出错

A 公司 2009 年 12 月 25 日销售一批产品给 B 公司，货款为 500 000 元，增值税额 85 000 元，销售成本 400 000 元，价税款至当年 12 月 31 日尚未收到。2009 年 12 月 28 日接到 B 公司通知，B 公司在验收货物时，发现该批货物存在严重的质量问题需要退货。A 公司希望与 B 公司协商解决问题。2010 年 1 月 26 日，A、B 双方最终协商未果，A 公司于 2010 年 2 月 5 日收到退回的货物。假定 A 公司计提坏账准备的比例为 5%，不考虑其他税费因素。A 公司 2009 年度的财务报告批准报出日为 2010 年 4 月 1 日，所得税汇算清缴定在 2010 年 2 月 15 日（即销售退回发生于报告年度所得税汇算清缴之前）。如何进行账务处理？

4. 包装物押金的涉税处理不出错

包装物押金是指纳税人为销售货物而出租或出借包装物所收取的押金。对纳税人收取的包装物押金如何征收增值税、消费税及所得税的问题，现行税法做了明确规定，其会计处理也应按税法规定区别情况进行处理。

难点解析

1. 出售旧固定资产

(1) 根据国家税务总局关于印发《增值税问题解答(之一)》的通知(国税函发[1995]288号)的规定,如果同时符合以下三个条件的,是可以免征增值税的:

①属于企业固定资产目录管理。

②确实已经使用过。

③售价不超过原值(这里的原值是指企业原来记入“固定资产”科目的价值,不扣除折旧和减值准备)。

上列三个条件只要有一个条件不符合的,都属于应税固定资产,应按照4%减半征收增值税。除此之外,不缴纳营业税等其他任何税。纳税人销售自己使用过的旧固定资产,如果属于应税固定资产的,不管售价是否超过原值,都是直接开普通的销售发票给对方即可,不需要到国税局代开增值税专用发票。因为企业销售固定资产这种旧货时,是按4%减半征收的简易方法计征增值税的,而不是按照正常的销售货物的增值税率,故不得开具专用发票。

(2) 账务处理。

如果售价超过原值,那么按(售价÷1.04×4%×50%)计征增值税,相应的分录是:

借:固定资产清理　　100%

　　贷:应交税费——未交增值税　　100%

借:应交税费——未交增值税　　100%

　　贷:其他应收款　　50%

　　　　银行存款　　50%

不超过原值,那上述两个分录就不用处理,按正常的固定资产清理处理即可:

借：固定资产清理

　　累计折旧

　　贷：固定资产

借：银行存款

　　贷：固定资产清理

借：固定资产清理

　　贷：营业外收入

【例5-1】一台旧固定资产原价5 000元，账面价值4 000元，现出售价为6 000元，作会计分录如下：

借：固定资产清理　（6 000÷1.04×4%）230.77

　　贷：应交税费——未交增值税　230.77

借：应交税费——未交增值税　230.77

　　贷：其他应收款　（230.77×50%）115.38

　　　　银行存款　115.39

借：固定资产清理　4000

　　累计折旧　1000

　　贷：固定资产　5000

借：银行存款　6000

　　贷：固定资产清理　6000

借：固定资产清理　（6000-4000-230.77）1769.23

　　贷：营业外收入　1769.23

企业进货后尚未入账就发生退货或折让的，无论货物是否入库，必须将取得的增值税专用发票的发票联和税款抵扣联退还给销售方注销或重新开具。不需作任何会计处理。企业进货后已作会计处理，发生退货或索取折让时，若专用发票的发票联和抵扣联无法退还，企业必须向当地主管税务机关开具“进货退出或索取折让证明单”送交销售方，作为销售方开具红字专用发票的合法依据。企业收到销售方开来的红字专用发票时，按发票上注明的增值税额，红字借：“应交税费——应交增值税（进项税额）”科目，按发票上注明的价款，红字借：“原材料”等科目，按价税合计数红字贷：“银行存款”等科目。

3. 销售退回的所得税会计处理

资产负债表日后事项中涉及报告年度所属期间的销售退回发生于报告年度所得税汇算清缴之前，则应按资产负债表日后有关调整事项的会计处理方法，调整报告年度财务报表相关的收入、成本等，并相应调整应纳税所得额及应交的所得税。

【例5-2】A公司会计处理如下：

①调整销售收入。

借：以前年度损益　　500 000

　　应交税费——应交增值税（销项税额）　　85 000

　　贷：应收账款　　585 000

②调整坏账准备。

借：坏账准备　　（585 000×5%）29 250

　　贷：以前年度损益调整　　29 250

③调整销售成本。

借：库存商品　　400 000

　　贷：以前年度损益调整　　400 000

④调整应交所得税（假定所得税税率为25%）。

借：应交税费——应交所得税　　17 687.50

　　贷：以前年度损益调整　　17 687.50

17 687.50=(500 000-400 000-29 250)×25%

⑤将“以前年度损益调整”科目余额转入利润分配。

借：利润分配——未分配利润　　53 062.50

　　贷：以前年度损益调整　　53 062.50

53 062.50=500 000-400 000-29 250-17 687.50

⑥调整利润分配有关数字（假定法定盈余公积计提比例为10%，法定公益金计提比例为5%）。

借：盈余公积——法定盈余公积　　5306.25

　　　　　　——法定公益金　　2653.13

　贷：利润分配——未分配利润　　7959.38

⑦调整报告年度（2009年度）财务报表相关项目的数字。

资产负债表项目的调整：调减应收账款585 000元；调增库存商品400 000元；调减应交税费26 187.50元（8500 + 17 687.50）；调减盈余公积7959.38元；调减未分配利润45 103.12元（53 062.50 - 7959.38）。

利润表及利润分配表项目的调整：调减主营业务收入500 000元；调减主营业务成本400 000元；调减管理费用29 250元；调减所得税17 687.50元；调减法定盈余公积5306.25元；调减法定公益金2653.13元；调减未分配利润45 103.12元。

4. 包装物押金涉税处理

（1）增值税。

①不并入销售额，不征收增值税的会计处理。税法规定，纳税人为销售货物而出租或出借包装物收取的押金，单独记账核算，且在规定的期限内（一般以1年为限）收回出租或出借的包装物，押金退还的，可不并入销售额，不征收增值税。这种情况的会计处理比较简单：在收取时，借记"库存现金"或"银行存款"科目，贷记"其他应付款"科目。在退还时，作相反会计分录即可。

②应并入销售额征收增值税的会计处理。纳税人收取的包装物押金逾期仍未退还的，或销售酒类产品（啤酒、黄酒除外）出租或出借包装物收取的押金，应按规定征收增值税。增值税法规定，对增值税一般纳税人向购买方收取的逾期包装物押金，应视为含税收入，在征税时换算成不含税收入并入销售额计征增值税。会计处理上应将押金换算成不含税收入，记入"其他业务收入"科目，将押金与不含税收入的差额记入"应交税费——应交增值税（销项税额）"科目，冲转"其他应付款"科目，作会计分录：

借：其他应付款

　贷：其他业务收入

　　　应交税费——应交增值税（销项税额）

同时结转出租或出借包装物成本即可。

③对于包装物已作价随同产品出售，但为了促使购货人将包装物退回而加收的押金，凡纳税人在规定的期限内不予退还的，均应并入应税产品的销售额，按照应税产品的适用税率征收增值税。收取时，应借记“银行存款”科目，贷记“其他应付款”科目；包装物逾期未收回，押金没收，没收的押金应交的增值税应先自“其他应付款”科目中冲抵，即借记“其他应付款”科目，贷记“应交税费——应交增值税（销项税额）”等科目，冲抵后的净额自“其他应付款”科目转入“营业外收入”科目。

（2）消费税。

①不并入销售额，不征收消费税的会计处理。如果包装物不作价随同产品销售，而是收取押金，此项押金不应并入应税消费品的销售额中征税。在收取时，借记“库存现金”或“银行存款”科目，贷记“其他应付款”科目。在退还时，作相反会计分录即可。

②并入销售额征收消费税的会计处理。因逾期未回收的包装物不再退还的，或已收取 1 年以上押金的，应并入应税消费品的销售额，按照应税消费品的适用税率征收消费税。有关消费税的分录为借记“其他应付款”科目，贷记“其他业务收入”科目；借记“其他业务支出”科目，贷记“应交税费——应交消费税”等科目。

③酒类产品押金的会计处理。这里需要注意的是，酒类产品押金增值税和消费税的处理方法不一样。对纳税人销售除啤酒、黄酒以外的其他酒类产品而收取的包装物押金，无论押金是否返还、会计上如何核算，均应并入当期销售额计算纳税。对销售啤酒、黄酒所收取的押金，单独记账核算的，不并入销售额征税，但对因逾期未收回包装物不再退还押金的，应按包装物的适用税率计算消费税额。这是因为，根据《中华人民共和国消费税暂行条例》的规定，对啤酒和黄酒实行从量定额的办法征收消费税，即按照应税数量和单位税额计算应纳税额。按照这一办法，应税消费品的计税依据为应税消费品的数量，而不是应税消费品的销售额，征税的多少与应税消费品的数量成正比，而与应税消费品的销售金额无直接关系。因此，对酒类包装物押金征税的规定只适用于实行从价定率办法征

收消费税的粮食白酒、薯类白酒和其他酒，而不适用于实行从量定额办法征收消费税的啤酒和黄酒产品。

④加收的押金的会计处理。对于包装物已作价随同产品出售，但为了促使购货人将包装物退回而加收的押金，应借记“银行存款”科目，贷记“其他应付款”科目；包装物逾期未收回，押金没收，没收的押金应交的消费税等税费应先自“其他应付款”科目中冲抵，即借记“其他应付款”科目，贷记“应交税费——应交消费税”等科目，冲抵后的净额自“其他应付款”科目转入“营业外收入”科目。

（3）所得税。包装物的押金收取时不并入销售额计征所得税。企业收取的包装物押金，凡逾期未返还买方的，应确认为收入，依法计征企业所得税。所谓“逾期未返还”，是指在买卖双方合同或书面约定的收回包装物、返还押金的期限内不返还的押金。考虑到包装物属于流动性较强的存货资产，为了加强应税收入的管理，税法规定，企业收取的包装物押金，从收取之日起计算，已超过1年（指12个月）仍未返还的，原则上要确认为期满之日所属年度的收入。企业向有长期固定购销关系的客户收取的可循环使用包装物的押金，其收取的合理的押金在循环使用期间不作为收入。

那么，企业所得税计算中收取的逾期包装物押金，纳税调整时是全额调整应纳税所得额，还是用换算为不含增值税的金额调整？税法规定，如果纳税人收取的逾期包装物押金已经计算了增值税销项税金，则在所得税纳税调整时，调增的应纳税所得额为不含增值税的金额。若未计提增值税销项税金，则应全额调增应纳税所得额。

【例5－3】某一般纳税人2010年4月实现应税消费品（税率为10%）销售额1 000 000元，另没收的逾期未退还的包装物押金117 000元，则包装物押金具体计算如下：

逾期包装物的不含税收入＝117 000÷（1＋17%）＝100 000（元）

押金应纳增值税＝100 000×17%＝17 000（元）

押金应纳消费税＝100 000×10%＝10 000（元）

应调增应纳税所得额＝100 000（元）

知识链接

1. 销售固定资产和无形资产的纳税处理

销售使用过的机器、设备考虑的是增值税（超过原值的，按 4% 减半征收），不征营业税；销售不动产或者土地使用权、无形资产的，征收营业税，但这时不考虑增值税。

2. 销售退回的纳税规定

按照会计制度及相关准则规定，企业销售商品发生的销售退回，一般应直接冲减退回当期的销售收入和销售成本等。属于资产负债表日后事项涉及的报告年度所属期间的销售退回，应作为资产负债表日后调整事项，调整报告年度相关的收入、成本等。

按照税法规定，企业发生的销售退回，只要购货方提供退货的适当证明，可冲减退货当期的销售收入。企业年终申报纳税汇算清缴前发生的属于资产负债表日后事项的销售退回，所涉及的应纳税额的调整，应作为报告年度的纳税调整。企业年度申报纳税汇算清缴后发生的属于资产负债表日后事项的销售退回所涉及的应纳税额的调整，应作为本年度的纳税调整。

从上述规定可以看出，除属于资产负债表日后事项的销售退回，可能因发生于报告年度申报纳税汇算清缴后，相应产生会计与税法对销售退回相关的收入、成本等确认时间不同外，对于其他的销售退回，会计制度及相关准则的规定与税法规定是一致的。

3. 会计处理前后的节税窍门

（1）会计处理前非正常损失缴税多。《中华人民共和国增值税暂行条例》第十条规定，非正常损失的购进货物的进项税额不得从销项税额中抵扣。《中华人民共和国增值税暂行条例实施细则》第二十一条对此作了进一步解释，《条例》第十条所称非正常损失，是指生产、经营过程中正常损耗外的损失，包括自然灾害损失，因管理不善造成货物被盗窃、发生霉烂变质等损失和其他非正常损失。虽然税法规定，非正常损失货物的进项税金不能抵扣，但是，会计上对此进行不同的处理，可以对增值税收产生一定的影响。

A 公司是增值税一般纳税人，适用 17% 的增值税税率。公司上年年初购进一批价值 20 万元（不含税）的原材料，进项税金 3.4 万元，由于露天堆放，导致雨淋腐蚀毁坏，清理后作价出售，取得含税销售收入 5 万元。

企业会计处理如下：发生损失进入清理时，借记“待处理财产损溢”20 万元，贷记“原材料”20 万元。由于企业会计处理时，将全部材料成本金额转入损失，意味着原材料已经全部发生非正常损失，因此，20 万元原材料的增值税进项税金 3.4 万元应全部转出不能抵扣。同时，公司将损失的原材料清理销售取得的 5 万元收入应按 17% 的税率计算缴纳增值税，应纳增值税为：50 000 ÷ (1 + 17%) × 17% = 7 265(元)，企业为此需要负担的增值税为 7 265 元。

（2）会计处理后可以少缴税。因企业事实上在销售原材料时取得了 5 万元收入，我们可以据此认为：公司发生的损失并不是全部损失，而是大部分损失。而根据税法规定分析，不得抵扣的应该是发生非正常损失部分的进项税，应转出这部分损失的进项税金。对于原材料发生部分非正常损失，取得清理收入的部分是否可以抵扣进项税金，税法并没有做出明确规定。因此，只要企业会计上不作为全部损失处理，就可以不必转出全部进项税金。

那么，A 公司应该转出多少进项税金呢？根据公司实际损失情况，不含税清理收入为：50 000 ÷ (1 + 17%) = 42 735（元），可以认定这部分不作为损失，损失部分金额为 157 265 元（200 000 − 42 735）。企业会计处理如下：发生损失进入清理时，借记“待处理财产损溢”157 265 元，贷记“原材料”157 265 元。据此，原材料非正常损失部分应转出的进项税为：34 000 × 157 265 ÷ 200 000 = 26 735（元），剩余可以抵扣的进项税额为 7265 元（34 000 − 26 735）。那么，公司 50 000 元清理收入应缴纳的增值税为：50 000 ÷ (1 + 17%) × 17% − 7265 = 0，公司为此需要负担的增值税比全部转出原材料少缴增值税7265 元。

由此可见，企业发生损失后取得的原材料清理变价收入不产生税收，这也是符合增值税征税原理的。如果企业存在加价销售的情况，在转出进项税金时，应该按成本价计算未损失部分，并据此计算应转出税金金额。

企业全部的会计处理如下：发生损失进入清理时，借记“待处理财产损溢”157 265元，贷记“原材料”157 265元；转出部分进项税金时，借记“待处理财产损溢”26 735元，贷记“应交税费——应交增值税（进项税额转出）”26 735元；取得清理收入时，借记“银行存款”50 000元，贷记“待处理财产损溢”42 735元，贷记“应交税费——应交增值税（销项税额）”7 265元；结转损失至营业外支出时，借记“营业外支出（非正常损失）”141 265元，贷记“待处理财产损溢”141 265元。此非正常损失141 265元，可以按照税法规定报税务机关审批后，在企业所得税前扣除。

第6章　承前启后
——会计结账

◎实例二十二：期末结账

实例二十二：期末结账

1. 结账划线不出错

月末年底结账，小王总是对划线很糊涂，面对不同的“本月合计”、“本月累计”、“本年合计”、“本年累计”、“结转下年”、“过次页”、“上年结转”、“承前页”等，有时划单红线，有时划双红线，有时不划线。这让小王很头疼。

2. 不同账户结账不出错

不同账户有不同的性质，其结账方法也不一样，具体有什么不同呢？

难点解析

1. 结账划线

结账主要掌握以下几点：

（1）结账划线的目的，是为了突出本月合计数及月末余额，表示本会计期的会计记录已经截止或结束，并将本期与下期的记录明显分开。根据《会计基础工作规范》规定，月结划单线，年结划双线。划线时，应划红线，划线应划通栏线，不应只在本账页中的金额部分划线。

（2）每一账页登记完毕结转下页时，应当结出本页合计数及余额，写在本页最后一行和下页第一行有关栏内，并在摘要栏内注明“过次页”和“承前页”字样；也可以将本页合计数及金额只写在下页第一行有关栏内，并在摘要栏内注明“承前页”字样。

（3）对需要结计本月发生额的账户，结计“过次页”的，本页合计数应当为自本月初起至本页末止的发生额合计数；对需要结计本年累计发生额的账户，结计“过次页”的本页合计数应当为自年初起至本页末止的累计数；对既不需要结计本月发生额，也不需要结计本年累计发生额的账户，可以只将每页末的余额结转次页。

（4）结账时，应当结出每个账户的期末余额。需要结出当月发生额的，应当在摘要栏内注明“本月合计”字样，并在下面通栏划单红线。需要结出本年累计发生额的，应当在摘要栏内注明“本年累计”字样，并在下面通栏划单红线；12 月末的“本年累计”就是全年累计发生额。全年累计发生额下面应当通栏划双红线。年度终了结账时，所有总账账户都应当结出全年发生额和年末余额。

（5）年度终了，要把各账户的余额结转到下一会计年度，并在摘要栏注明“结转下年”字样；在下一会计年度新建有关会计账簿的第一行余额栏内填写上年结转的余额，并在摘要栏注明“上年结转”字样。

2. 不同账户结账

（1）对于不需要按月结计本期发生额的账户（如各项应收款明细账和各项财产物资明细账等），每次记账以后，都要随时结出余额，每月最后一笔余额即为月末余额。也就是说，月末余额就是本月最后一笔经济业务记录的同一行内的余额。月末结账时，只需要在最后一笔经济业务记录之下划一条单红线，不需要再结计一次余额。

（2）现金、银行存款日记账和需要按月结计发生额的收入、费用等明细账，每月结账时，要在最后一笔经济业务记录下面划一条单红线，结出本月发生额和余额，在摘要栏内注明“本月合计”字样，在下面再划一条单红线。

（3）需要结计本年累计发生额的某些明细账户，如产品销售收入、成本明细账等，每月结账时，应在“本月合计”行下结计自年初起至本月末止的累计发生额，登记在月份发生额下面，在摘要栏内注明“本年累计”字样，并在下面再划一条单红线。12 月末的“本年累计”就是全年累计发生额，并在全年累计发生额下划双红线。

（4）总账账户平时只需结计月末余额。年终结账时，为了反映全年各项资产、负债及所有者权益增减变动的全貌，便于核对账目，要将所有总账账户结计全年发生额和年末余额，在摘要栏内注明“本年合计”字样，并在合计数下划双红线。采用棋盘式总账和科目汇总表代替总账的单位，年终结账，应当汇编一张全年合计的科目汇总表和棋盘式总账。

（5）需要结计本月发生额的某些账户，如果本月只发生一笔经济业务，由于这笔记录的金额就是本月发生额，结账时，只要在此行记录下划一条单红线，表示与下月的发生额分开就可以了，不需另结出“本月合计”数。

知识链接

1. 何谓结账

结账是指在将本期发生的经济业务全部登记入账的基础上，结算出每个账户的本期发生额和期末余额，并将期末余额结转至下期的一种方法。

结账是会计核算工作的又一项重要内容。如果只记账而不定期结账，记账就失去了意义。结账可以考察各期资产、负债、所有者权益和资金周转的情况，便于正确计算资金的耗费与产品成本，更重要的是为编制财务报表提供资料。

2. 结账的内容

（1）结账前，检查本期内发生的经济业务是否已全部登记入账，不能将本期发生的经济业务延至下期入账。这是结账工作的前提和基础，只有这样才能保证结账的正确性。

（2）按权责发生制的原则调整和结转有关账项。对于本期内所有应计和预收收入及应计和预付费用，应编制记账凭证并计入有关账簿，以调整账簿记录。如将待摊费用按规定的比例分配到本期的成本、费用中。又如将本期所发生的各项收入、费用、成本、支出结转到“本年利润”账户。

（3）计算各账户本期发生额和期末余额。在本期全部经济业务已登记入账的基础上，结算出现金日记账、银行存款日记账以及总分类账和明细分类账户的本期发生额和期末余额。

注意：不能为了提前编制财务报表而先结账，也不能先编财务报表而后结账。

3. 结账的方法

结账的目的通常是为了总结一定时期的财务状况和经营成果，因此结账工作一般是在会计期末进行的，可以分为月结、季结和年结。结账主要采用划线法，即期末结出各账户的本期发生额和期末余额后，加划线标记，并将期末余额结转至下期的方法。划线的具体方法在月结、季结、年结时有所不同。

（1）月结。月底应办理月结。在各账户本月份最后一笔记录下面划一条通栏红线，表示本月结束。然后，在红线下结算出本月发生额和月末余额。如果没有余额，在余额栏内注明“平”字或“θ”符号。同时，在“摘要”栏注明“本月合计”或“×月份发生额及余额”字样，然后在下面再划一条通栏红线，表示完成月结。

（2）季结。季末应办理季结。办理季结应在各账户本季度最后一个月的月结下面（需按月结出累计发生额的，应在“本季累计”下面）划一条通栏红线，表示本季结束。然后，在红线下结算出本季发生额和季末余额，并在摘要栏内注明“第×季度发生额及余额”或“本季合计”字样。最后，再在本摘要栏下面划一条通栏红线，表示完成季结工作。

（3）年结。年终应办理年结。首先在12月份或第四季度季结下面划一条通栏红线，表示年度终了，然后在红线下面结算出全年12个月份的月结发生额或4个季度的季结发生额，并在摘要栏内注明“年度发生额及余额”或“本年合计”字样，并在“本年发生额及余额”或“本年合计”下面通栏划双红线。年度终了，要把各账户的余额结转到下一会计年度，并在摘要栏内注明“结转下年”字样；在下一会计年度新建有关会计账簿的第一行余额栏内填写“上年结转”字样。

结账的具体方法举例如表6-1所示。

表6-1　　　　　　　　　　　总分类账

会计科目：应付账款

××年		凭证		摘　要	借方	贷方	借或贷	余额
月	日	字	号					
				上年结转			贷	12 000
1	10	汇	1	1~10日汇总	63 000	78 000		
	20	汇	2	11~20日汇总	26 000	30 000		
	31	汇	3	21~31日汇总	22 000	28 000	贷	37 000
				本月合计	111 000	136 000	贷	37 000
2	10	汇	1	1~10日汇总	18 000			
	20	汇	2	11~20日汇总	12 000	23 000		
	28	汇	3	21~28日汇总	21 000	19 000	贷	28 000
				本月合计	51 000	42 000	贷	28 000
				累计	162 000	178 000		
3	10	汇	1	1~10日汇总	28 000			
	20	汇	2	11~20日汇总	35 000	36 000		
	31	汇	3	21~31日汇总	10 300	12 300	贷	3000
				本月合计	73 300	48 300	贷	3000
				本季合计	235 300	226 300		
				累计	235 300	226 300		
⋮	⋮	⋮	⋮	⋮	⋮	⋮	⋮	⋮
12	10	汇	1	1~10日汇总	3000			
	20	汇	2	11~20日汇总	31 400	40 800		
	31	汇	3	21~31汇总	21 600	13 200	贷	1000
				本月合计	56 000	54 000	贷	1000
				本季合计	82 500	71 500		
				累计	1 263 000	1 252 000		
				结转下年			贷	1000

4. 结账的主要程序

为了总结一定时期内，如月份、季度和年度经济活动情况，必须按月、季、年进行结账。简单地说，就是结清账目，即把一定时期内所发生的经济业务全部登记入账后，将各种账簿记录的经济业务结算清楚，结出本期发生额合计和期末余额，或将余额结转下期，以便编制财务报表，分清上下期会计记录和分期继续核算。

结账的主要程序包括：

（1）做好结账前的准备工作。

①认真检查本期内日常发生的经济业务是否已经全部记入了有关账簿，若有遗漏应补记。

注意只有在上述前提下，才能办理结账手续，既不允许为了赶编报表提前结账，也不能把结账工作有意推迟。

②应由本期承担的费用和收入，按权责发生制的要求，填制凭证登记入账；不应由本期承担的费用和收入，本期不考虑。

③对以下项目进行账实核对。

• 库存现金：在结账日末进行清查，编制盘点表。对平现金账户可以证明所有分录中有现金的分录正确；不平时应查现金日记账和所有现金相关凭证，查清原因进行处理。

• 银行存款：编制银行存款余额调节表对平银行账。

• 存货：包括原材料、在产品、产成品等。在月末时应进行盘点，并对盘点结果与明细账进行核对，如有差异应查明原因并进行处理。

④查看所有明细科目余额，对于有异常的方向余额的科目进行调整。比如，对应收应付账的核对应做到：

• 将所有应收应付账的明细账与总账进行核对。

• 查看应收账款、应付账款、预收账款、预付账款有无串户情况。

具体地说是检查应收账款、预付账款、其他应收款明细账所有明细有无贷方余额，如有应查清原因进行调整。如应收账款贷方应调到预收账款，预付账款贷方应调到应付账款，其他应收款应调整到其他应付款等，同理，应对应付账款、预收账款、其他应付款进行清查，看是否有借方余额，如有按以上原理进行调整。

⑤编制月末结账的转账分录。

• 按权责发生制原则计提所有费用，如工资、福利费、营业税等。

• 摊销低值易耗品、无形资产、待摊费用，计提折旧、预提费用等。

• 结转暂估材料（对于企业材料已入库但未收到发票的应建立明细台账）、制造费用、产成品成本、产品销售成本等（结合存货盘点结果同时进行）。

• 结转本年利润，结平所有损益类科目（具体结账分录要结合企业实际）。

⑥检查应由本期清偿的债权、债务是否办妥清偿手续。如已记入“应交税费”账户的欠税，应及时上缴；月终催收各项应收款项。

⑦核对税务报表与应交税费明细账等账户的勾稽关系。

• 运用银行存款余额调节表的原理对税务进项税额认证清单、四小票清单（包括运费、海关完税凭证、废旧物资、农产品收购）和企业的“应交税费——应交增值税（进项税额）”明细账进行核对，可以参照银行存款余额调节表编制进项税额调节表。调节的项目主要有：在同一张税票中应做进项转出的（固定资产等税法规定不可以抵扣的项目）金额、进货退回或折让证明单的时间性差异。

• 核对销项税额时，可以将应税开票的销项清单、普通发票及无票收入清单和企业的“应交税费——应交增值税（销项税额）”进行核对（有营业税的单位可以核对企业收入明细账与发票的清单，原理是一样的）。

• 对于进项税额转出等其他“应交税费”的明细科目，可以按以上原理进行核对。核对无误后同时编制所有当月税务申报表。

⑧认真对账，以保持账面记录正确，做到账证相符、账账相符和账实相符，以便提供真实可靠的会计指标。

（2）结出所有账户本期发生额和余额。

（3）编制本期发生额余额对照表进行试算平衡。

（4）划线结账，将期末余额结转入下期。

5. 结账前的试算要平衡

在结账之前，必须做好对账工作，保证在这个时期内所发生的经济业务已经全部填制和取得合法的会计凭证，并已记入有关账簿。对于所有债权、债务以及通过财产清查所发生的财产物资盘盈、盘亏等，都应当全部登记入账。为了正确计算当期的产品成本，考核企业的经营成果，还应将所有发生的收入、费用以及所有收入、成本、费用各种账户的余额结转有关账户，以便正确计算产品成本和财务成果。

结账之前，应做好账账核对工作。账账核对一般是通过编制试算表，根据试算表各栏合计数，验算借贷双方是否相等。

试算是测试在一定会计时期内记账是否正确的方法。通常在月末结账前，把总分类各账户按顺序排列，分别将账户的期初余额、本期发生额的借、贷金额列成一表，以测试记账有无错误。这种测试方法在会计上称为试算平衡。试算结果如果各科目期末借贷双方的余额总和相等，一般来说，记账基本不错，否则，必须及时查明更正。

试算平衡是借贷平衡原理的具体应用。因为对一经济业务都要从借贷两个方面以相等的金额来记录会计要素增减变化情况，并规定“有借必有贷，借贷必相等”作为借贷记账规律，因此，根据会计分录逐笔计入各有关账户后，全部账户借贷方的发生额合计、期末借贷方余额合计数必然相等。所以，试算平衡的理论依据是借贷平衡原理，也可以用数学公理“等量加等量，其和相等”来验证。

现列示某一企业某一时期的9笔经济业务所编制的有关会计分录，如表6－2所示。

表6－2　　分录簿（会计分录）

序号	会计科目	摘　要	借方金额	贷方金额
①	库存现金	提现	200.00	
	银行借款			200.00
②	银行存款	向工行借款	5000.00	
	短期借款			5000.00
③	固定资产——机器	主管部门投资	10 000.00	
	实收资本——法人资本金			10 000.00
④	库存商品——甲产品	结转完工产品	10 000.00	
	生产成本——甲产品			10 000.00

续表

序号	会计科目	摘　要	借方金额	贷方金额
⑤	银行存款	销售	8000.00	
	主营业务收入			8000.00
⑥	银行存款	银行利息	280.00	
	财务费用			280.00
⑦	管理费用	报销差旅费	180.00	
	库存现金		20.00	
	其他应收款——×××			200.00
⑧	原材料	购入原材料验收入库	9000.00	
	银行存款			5000.00
	应付账款			4000.00
⑨	生产成本	各部门耗用材料	8000.00	
	制造费用		1500.00	
	管理费用		500.00	
	原材料			10 000.00

将上述 9 笔业务以及总分类账户期初余额、借贷方本期发生额和期末余额列出“试算平衡表”，如表 6－3 所示。

表 6－3　　　　试算平衡表

编制单位：×××　　　　××年×月　　　　单位：元

会计科目	期初余额		本期发生额		期末余额	
	借方	贷方	借方	贷方	借方	贷方
固定资产	20 000.00		10 000.00		30 000.00	
原材料	8620.00		9000.00	10 000.00	7620.00	
库存商品	440.00		10 000.00		10 440.00	
库存现金	260.00		220.00		480.00	

续表

会计科目	期初余额		本期发生额		期末余额	
	借方	贷方	借方	贷方	借方	贷方
银行存款	3250.00		13 280.00	5200.00	11 330.00	
应收账款	2000.00				2 000.00	
其他应收款	230.00			200.00	30.00	
累计折旧		2000.00				2000.00
短期借款				5000.00		5000.00
长期借款		4000.00				2000.00
应付账款		2800.00		4000.00		6800.00
其他应付款		3000.00				3000.00
应交税费		8000.00				8000.00
生产成本	3000.00		8000.00	10 000.00	1000.00	
制造费用			1500.00		1500.00	
实收资本		18 000.00		10 000.00	28 000.00	
主营业务收入			8000.00		8000.00	
管理费用			680.00		680.00	
财务费用				280.00		280.00
合　计	37 800.00	37 800.00	52 680.00	52 680.00	65 080.00	65080.00

表6-3中“期初余额”、“本期发生额”、“期末余额”各栏借方和贷方的合计数都是相等的，说明账簿记载基本准确。但应当注意，有些差错对于借贷双方相等并不发生影响，这些差错的发生情况可以列举如下：

（1）一笔经济业务遗漏编制记账凭证，或者一笔经济业务借贷双方都遗漏记账。

（2）一笔经济业务重复编制记账凭证，或者一笔经济业务借贷双方都重复记账。

（3）一笔经济业务借贷双方在记账时，发生相同数额的错误。

（4）一笔经济业务应借、应贷账户，在编制记账凭证时，互相颠倒，或者在根据记账凭证记账时，互相颠倒。

（5）一笔经济业务的借贷双方或一方，误登账户。

由于在会计工作中，有时会发生以上这些试算表所不能发现的错误，因此，对于一切会计记录必须经常进行核对，认真做好对账工作，以保证会计核算的正确性。

试算表一般在月度终了结账前或结账后编制一次，如果单位的经济业务较多，为方便查错，也可以每旬进行试算一次。

试算的目的是检查记账有无错误，但试算表的作用不仅仅是为了试算、查错，而且还可用来作为账目整理、结账和编制财务报表的工作底稿。

6. 年终结账的步骤

年终清理完毕，在账目核对相符的基础上，即可进行年终结账。年终结账工作，一般分为三个步骤：即年终转账、结清旧账和计入新账。

（1）年终转账。年终转账的程序如下：

①计算出各账户的借方和贷方的 12 月份合计数和全年累计数，结出 12 月末的余额。

②编制结账前的“资产负债表”，并试算平衡。

③按年终转账办法填制 12 月 31 日的记账凭证，并计入有关账户。

（2）结清旧账。结清旧账的做法如下：

①将转账后无余额的账户结出全年累计数，然后在下面划双红线，表示本账户全部结清。

②对年终有余额的账户，在“全年累计数”下行的“摘要”栏内注明“结转下年”字样，再在下面划双红线，表示年终余额转入新账，结束旧账。

（3）计入新账。根据本年度各账户余额，编制年终决算的“资产负债表”和有关明细表，按表列出各账户的年终余额数，不编制记账凭单，直接计入新年度相应的各有关账户，并在“摘要”栏注明“上年结转”字样，以区别新年度发生数。

7. 账户余额的结转

年末终了结账时有余额的账户余额，直接计入新账余额栏内即可，不需要编制记账凭证，也不必将余额再计入本年账户的借方或贷方（收方或付方），使本年有余额的账户的余额变为零。因为，既然年末是有余额的账户，余额就应当如实地在账户中加以反映，这样更显得清晰、明了。否则，就混淆了有余额的账户和无余额的账户的区别。

对于新的会计年度建账问题，一般说来，总账、日记账和多数明细账应每年更换一次。但有些财产物资明细账和债权债务明细账，由于材料品种、规格和往来单位较多，更换新账，重抄一遍工作量较大，因此可以跨年度使用，不必每年更换一次。各种备查簿也可以连续使用。

实际工作中，结转账户余额的做法如下：

（1）将本账户年末余额，以相反的方向计入最后一笔账下的发生额内。

例如，某账户年末为借方余额，在结账时，将此项余额填列在贷方发生额栏内（余额如为贷方，则作相反记录），在摘要栏填明“结转下年”字样，在“借或贷”栏内填“平”字并在余额栏的“元”位上填列“θ”符号，表示账目已经结平。

（2）在“本年累计”发生额的次行，将年初余额按其同方向计入发生额栏内，并在摘要栏内填明“上年结转”字样。

在次行登记年末余额，如为借方余额，填入贷方发生额栏内；反之，记入借方，并在摘要栏填明“结转下年”字样。同时，在该行的下端加计借、贷各方的总计数，并在该行摘要栏内填列“总计”两字，在“借或贷”栏内填“平”字，在余额栏的“元”位上填列“θ”符号，以示账目已结平。

8. 实行电算化后如何结账

每月月底都需要进行结账处理，计算机结账不仅要结转各账户的本期发生额和期末余额，还要进行一系列电算化处理，检查会计凭证是否全部登记入账并审核签章、试算平衡、辅助账处理等。与手工结账相比，电算化结账工作更加规范，结账全部是由计算机自动完成。结账工作需要注意的事项：

（1）专人负责。由于某月结完账后将不能再输入和修改该月的凭证，所以使用会计软件时，结账工作应由专人负责管理，以防止其他人员的误操作。

（2）结账前应检查该月的所有凭证是否均已记账、结账日期是否正确、其他相关模块的数据是否传递完毕以及其他结账条件是否完备。

若结账条件不满足，则退出本模块，检查本月份输入的会计凭证是否全部登记入账，只有在本期输入的会计凭证全部登记入账后才允许结本月份的账。与记账不同的是，一个月可以记账数次，而只能结一次账。

（3）结账必须逐月进行，上月未结账也不允许结本月的账。若结账成功，则做月结标志，之后不能再输入该月的凭证和记该月的账；若结账不成功，则恢复到结账前的状态，同时给出提示信息，要求用户做相应的调整。

（4）年底结账，则系统自动产生下年度的空白数据文件（即数据结构文件，包括凭证临时文件、凭证库文件、科目余额发生额文件），并结转年度余额，同时自动对“固定资产”等会计文件做跨年度连续使用的处理。

（5）跨年度时因年终会计工作的需要，会计软件允许在上年度未结账的情况下输入本年度 1 月份的凭证。

单位可以根据具体情况，将结账环境设置为：在上年未结账的情况下不允许输入本月的凭证。

（6）结账前应做一次数据备份，如果结账不正确可以恢复重做。

第7章　成果展现
——报账

◎ 实例二十三：编制报表

◎ 实例二十四：报送报表不出错

实例二十三：编制报表

往来账款填列不出错

年末编制财务报表时，在填列资产负债表中的“应收账款”和“应付账款”项目时，小王直接按该科目余额进行了填列。

难点解析

“应收账款”项目，反映因销售商品、产品和提供劳务而应向购买方和接受劳务方收取的各种款项。如果企业没有预收账款业务，“应收账款”项目应根据该账户的期末余额填列；如果有预收账款业务并且企业没有设置“预收款项”账户时，“应收账款”项目应根据所属各明细账的期末借方余额合计填列；如果单独设置了“预收款项”账户的，并且该账户有借方余额时，“应收账款”项目应根据“应收账款”账户的借方余额与“预收款项”账户借方余额的合计填列。

“预收款项”项目，反映企业预收购买单位的货款。如果单独设置“预收款项”账户时，可以直接根据“预收款项”账户与“应收账款”账户所属的明细账贷方余额合计填列。如果没有单独设置“预收款项”账户，应根据“应收账款”所属明细账的期末贷方余额填列。

“应付账款”项目，反映企业购买材料或接受劳务而应付给供应单位的款项。应根据“应付账款”账户的期末余额填列。如果通过“应付账款”账户核算有预付款项的内容；如果“预付款项”账户表现为贷方余额，则“应付账款”项目应根据“应付账款”、“预付款项”账户所属明细账的贷方余额的合计数填列。

“预付款项”项目，反映企业预付给供应单位的款项。如果单独设置“预付款项”账户时，可以直接根据“预付款项”账户与“应付账款”账户所属的明细账借方余额合计填列。如果没有单独设置“预付款项”账户，应根据“应付账款”所属明细账的期末借方余额填列。

资产方应收账款项目金额 =“应收账款”明细账借方余额 +“预收款项”明细账借方余额（假定不考虑坏账准备）

负债方预收账款项目金额 =“应收账款”明细账户贷方余额 +“预收款项”明细账户贷方余额

资产方预付账款项目金额 =“预付款项”明细账户借方余额 +“应付账款”明细账户借方余额

负债方应付账款项目金额 =“应付账款”明细账户贷方余额 +“预付款项”明细账户贷方余额

为了加强记忆，也可以：

两收合一收，借贷分开走。

两付合一付，各走各的路。

比如某个企业只设置了“应收账款”、“应付账款”账户，而没有设置“预收款项”、“预付款项”账户。其“应收账款”账户有两个明细账户，余额分别是借方400元和贷方700元，“应付账款”账户也有两个明细账户，余额分别是借方500元和贷方600元，则根据口诀可以迅速计算出“应收账款”、“预付款项”、“应付账款”、“预收款项”这四个项目的金额依次分别为400元、500元、600元、700元。

知识链接

1. 资产负债表的编制

（1）资产负债表的含义。资产负债表就是反映企业资产、负债和所有者权益状况的报表，通常称为财务状况。比如，资产总额是多少，流动资产有多少，固定资产有多少，在这些资产里面，有多少是借来的，又有多少是投资进来的。

财务状况至少包括三层意思：一是关于资产、负债和所有者权益构成情况及其合理性；二是关于流动性，通常指资产的流动性，也就是资产变成现金的能力；三是关于财务弹性，即企业应付意外情况的能力，如意外灾害、意外机会等。

（2）新会计准则下一般企业资产负债表格式，如表 7－1 所示。

表 7－1　　**资产负债表**　　会企 01 表

编制单位：　　年　月　日　　单位：元

资　产	行次	期末余额	年初余额	负债和所有者权益（或股东权益）	行次	期末余额	年初余额
流动资产：				流动负债：			
货币资金				短期借款			
交易性金融资产				交易性金融负债			
应收票据				应付票据			
应收账款				应付账款			
预付款项				预收款项			
应收股利				应付职工薪酬			
应收利息				应交税费			
其他应收款				应付利息			
存货				应付股利			
				其他应付款			
一年内到期的非流动资产							
其他流动资产				一年内到期的非流动负债			
流动资产合计				其他流动负债			
非流动资产：				流动负债合计			

续表

资　产	行次	期末余额	年初余额	负债和所有者权益（或股东权益）	行次	期末余额	年初余额
可供出售金融资产				非流动负债：			
持有至到期投资				长期借款			
投资性房地产				应付债券			
长期股权投资				长期应付款			
长期应收款				专项应付款			
				预计负债			
固定资产				递延所得税负债			
在建工程				其他非流动负债			
工程物资				非流动负债合计			
固定资产清理				负债合计			
生产性生物资产				所有者权益（或股东权益）：			
油气资产				实收资本(或股本)			
无形资产				资本公积			
				减：库存股			
研发支出				盈余公积			
商誉				未分配利润			
长期待摊费用							
递延所得税资产				所有者权益（或股东权益）合计			
其他非流动资产							
非流动资产合计							
资产总计				负债和所有者（或股东权益）合计			

（3）资产负债表列示说明。

①本表反映企业一定日期全部资产，负债和所有者权益的情况。

②本表“年初余额”栏内各项数字，应根据上年末资产负债表“期末余额”

栏内所列数字填列。

如果上年度资产负债表规定的各个项目的名称和内容同本年度不相一致，应对上年年末资产负债表各项目的名称和数字按照本年度的规定进行调整，填入本表“年初余额”栏内。

③本表“期末余额”栏内各项数字，应当根据资产、负债和所有者权益期末情况填列。

- “货币资金”项目，反映企业期末持有的现金、银行存款和其他货币资金等总额。

- “交易性金融资产”、“应收票据”、“预付款项”、“应收股利”、“应收利息”、“其他流动资产”、“可供出售金融资产”，“在建工程”、“工程物资”、“固定资产清理”、“研发支出”、“商誉”、“递延所得税资产”、“其他非流动资产”等项目，反映企业持有的相应资产的期末价值。其中，“固定资产清理”发生的净损失，以“－”号填列。

- “应收账款”、“其他应收款”、“长期应收款”、“存货”、“持有至到期投资”、“投资性房地产”、“长期股权投资”、“固定资产”、“生产性生物资产”、“油气资产”、“无形资产”等资产项目，反映企业期末持有的相应资产的实际价值，应当以扣减提取的相应资产减值准备后的净额填列。

其中，“固定资产”、“无形资产”、“生产性生物资产”、“油气资产”项目，还应按减去相应的“累计折旧”、“累计摊销”、“生产性生物资产累计折旧”、“累计折耗”期末余额后的金额填列。

材料采用计划成本核算以及库存商品采用计划成本或售价核算的，“存货”项目还应按加上或减去“材料成本差异”、“商品进销差价”期末余额后的金额填列。

“代理业务资产”减去“代理业务负债”后的余额在“存货”项目反映。

“长期应收款”项目，应按减去相应的“未实现融资收益”期末余额后的金额填列。

建造承包商的“工程施工”期末余额大于“工程结算”期末余额的差额，应在“存货”项目反映。

企业期末持有的公益性生物资产，应在“其他非流动资产”项目反映。

• “短期借款”、“交易性金融负债”、“应付票据”、“应付账款”、“预收款项”、“应付职工薪酬”、“应交税费”、“应付利息”、“应付股利”、“其他应付款”、“预计负债”、“其他流动负债”、“长期借款”、“应付债券”、“专项应付款”、“递延所得税负债”、“其他非流动负债”等项目，一般应反映企业期末尚未偿还的短期借款、应付未付给职工的各种薪酬、应交未交税费等。

其中，“应付职工薪酬”、“应交税费”等期末转为债权的，以“－”号填列。

建造承包商的“工程施工”期末余额小于“工程结算”期末余额的差额，应在“应付账款”项目反映。

“递延收益”应在“其他流动负债”项目反映。

• “实收资本（或股本）”、“资本公积”、“盈余公积”、“库存股”等项目，一般应反映企业期末持有的接受投资者投入企业的实收资本、从净利润中提取的盈余公积余额、企业收购的尚未转让或注销的本公司股份金额等。

其中，期末累计未分配利润、资本公积为负数的，以“－”号填列。

• 企业与同一客户在购销商品结算过程中形成的债权债务关系，应当单独列示，不应当相互抵销。即应收账款不能与预收款项相互抵销、预付款项不能与应付账款相互抵销、应付账款不能与应收账款相互抵销、预收款项不能与预付款项相互抵销。

长期应收款中将于一年内到期的部分，在“一年内到期的非流动资产”项目反映。

长期待摊费用中将于一年（含一年）内摊销的部分，在“预付账款”项目反映。

“长期应付款”项目，反映企业除长期借款、应付债券外的其他各种长期应付款项减去“未确认融资费用”。长期应付款中将于一年内到期的部分，在“一年内到期的非流动负债”项目反映。

企业期末持有的“衍生工具”、“套期工具”、“被套期项目”，应在“其他流动资产”或“其他流动负债”项目反映。

2. 利润表的编制

（1）利润表的含义。利润表也叫损益表，它反映企业的经营成果。收入是多少，成本是多少，各种费用是多少，等等，既反映了企业净利润的形成过程，也体现了利润的计算过程。

（2）新会计准则下一般企业利润表的格式，如表 7－2 所示。

表 7－2　　　　利 润 表　　　　会企 02 表

编制单位：　　　　年　　　　单位：元

项　　目	行次	本期金额	上期金额
一、营业收入			
减：营业成本			
营业税金及附加			
销售费用			
管理费用			
财务费用			
资产减值损失			
加：公允价值变动收益（损失以“－”号填列）			
投资收益（损失以“－”号填列）			
其中：对联营企业和合营企业的投资收益			
二、营业利润（亏损以“－”号填列）			
加：营业外收入			
减：营业外支出			
其中：非流动资产处置损失			
三、利润总额（亏损总额以“－”号填列）			
减：所得税费用			
四、净利润（净亏损以“－”号填列）			
五、每股收益：			
（一）基本每股收益			
（二）稀释每股收益			

（3）利润表列示说明。

①本表反映企业在一定期间内利润（亏损）的实现情况。

②本表“上期金额”栏内各项数字，应根据上年度利润表“本期金额”栏

内所列数字填列。

如果上年度利润表规定的各个项目的名称和内容同本年度不相一致，应对上年度利润表各项目的名称和数字按本年度的规定进行调整，填入本表“上期金额”栏内。

③本表“本期金额”栏内各项数字一般应当反映以下内容：

- “营业收入”项目，反映企业经营主要业务和其他业务所确认的收入总额。“营业成本”项目，反映企业经营主要业务和其他业务发生的实际成本总额。

- “营业税金及附加”项目，反映企业经营业务应负担的营业税、消费税、城市维护建设税、资源税、土地增值税和教育费附加等。

- “销售费用”项目，反映企业在销售商品过程中发生的包装费、广告费等费用和为销售本企业商品而专设的销售机构的职工薪酬、业务费等经营费用。“管理费用”项目，反映企业为组织和管理生产经营发生的管理费用。“财务费用”项目，反映企业筹集生产经营所需资金等而发生的筹资费用。

企业发生勘探费用的，应在“管理费用”和“财务费用”项目之间，增设“勘探费用”项目反映。

- “资产减值损失”项目，反映企业各项资产发生的减值损失。

- “公允价值变动收益”项目，反映企业按照相关准则规定应当计入当期损益的资产或负债公允价值变动净收益，如交易性金融资产当期公允价值的变动额。如为净损失，以“-”号填列。

- “投资收益”项目，反映企业以各种方式对外投资所取得的收益。如为净损失，以“-”号填列。企业持有的交易性金融资产处置时，处置收益部分应当自“公允价值变动损益”项目转出，列入本项目。

- “营业外收入”、“营业外支出”项目，反映企业发生的与其经营活动无直接关系的各项收入和支出。

- “利润总额”项目，反映企业实现的利润总额。如为亏损总额，以“-”号填列。

- “所得税费用”项目，反映企业根据所得税准则确认的应从当期利润总额中扣除的所得税费用。

• “基本每股收益”和“稀释每股收益”项目，应当根据每股收益准则的规定计算的金额填列。

3. 现金流量表的编制

（1）现金流量表的含义。现金流量表是以现金为基础编制的财务状况变动表，它反映企业一定期间内现金的流入和流出，表明企业获得现金和现金等价物（除特别说明外，以下所称的现金均包括现金等价物）的能力。

（2）新会计准则下一般企业现金流量表的格式，如表 7－3所示。

表 7－3　　**现金流量表**　　会企 03 表

编制单位：　　××年度　　单位：元

项　目	行次	本期金额	上期金额
一、经营活动产生的现金流量：			
销售商品、提供劳务收到的现金			
收到的税费返还			
收到其他与经营活动有关的现金			
经营活动现金流入小计			
购买商品、接受劳务支付的现金			
支付给职工以及为职工支付的现金			
支付的各项税费			
支付其他与经营活动有关的现金			
经营活动现金流出小计			
经营活动产生的现金流量净额			
二、投资活动产生的现金流量：			
收回投资收到的现金			
取得投资收益收到的现金			
处置固定资产、无形资产和其他长期资产收回的现金净额			
处置子公司及其他营业单位收到的现金净额			
收到其他与投资活动有关的现金			
投资活动现金流入小计			
购建固定资产、无形资产和其他长期资产支付的现金			
投资支付的现金			
取得子公司及其他营业单位支付的现金净额			

续表

项　　目	行次	本期金额	上期金额
支付其他与投资活动有关的现金			
投资活动现金流出小计			
投资活动产生的现金流量净额			
三、筹资活动产生的现金流量：			
吸收投资收到的现金			
取得借款收到的现金			
收到其他与筹资活动有关的现金			
筹资活动现金流入小计			
偿还债务支付的现金			
分配股利、利润或偿付利息支付的现金			
支付其他与筹资活动有关的现金			
筹资活动现金流出小计			
筹资活动产生的现金流量净额			
四、汇率变动对现金及现金等价物的影响			
五、现金及现金等价物净增加额			
加：期初现金及现金等价物余额			
六、期末现金及现金等价物余额			
补充资料	行次	本期金额	上期金额
1. 将净利润调节为经营活动现金流量：			
净利润			
加：资产减值准备			
固定资产折旧、油气资产折耗、生产性生物资产折旧			
无形资产摊销			
长期待摊费用摊销			
处置固定资产、无形资产和其他长期资产的损失（收益以“－”号填列）			
固定资产报废损失（收益以“－”号填列）			
公允价值变动损失（收益以“－”号填列）			
财务费用（收益以“－”号填列）			
投资损失（收益以“－”号填列）			

续表

补充资料	行次	本期金额	上期金额
递延所得税资产减少（增加以“－”号填列）			
递延所得税负债增加（减少以“－”号填列）			
存货的减少（增加以“－”号填列）			
经营性应收项目的减少（增加以“－”号填列）			
经营性应付项目的增加（减少以“－”号填列）			
其他			
经营活动产生的现金流量净额			
2. 不涉及现金收支的重大投资和筹资活动：			
债务转为资本			
一年内到期的可转换公司债券			
融资租入固定资产			
3. 现金及现金等价物净变动情况：			
现金的期末余额			
减：现金的期初余额			
加：现金等价物的期末余额			
减：现金等价物的期初余额			
现金及现金等价物净增加额			

（3）现金流量表列示说明。

①经营活动产生的现金流量。

- “销售商品、提供劳务收到的现金”项目，反映企业本期销售商品、提供劳务收到的现金以及前期销售商品、提供劳务本期收到的现金（包括销售收入和应向购买者收取的增值税销项税额）和本期预收的款项，减去本期销售本期退回的商品和前期销售本期退回的商品支付的现金。企业销售材料和代购代销业务收到的现金，也在本项目反映。

- “收到的税费返还”项目，反映企业收到返还的增值税、营业税、所得税、消费税、关税和教育费附加返还款等各种税费。

- “收到其他与经营活动有关的现金”项目，反映企业收到的罚款收入、经营租赁收到的租金等其他与经营活动有关的现金流入，金额较大的应当单独列示。

- “购买商品、接受劳务支付的现金”项目，反映企业本期购买商品、接受劳务实际支付的现金（包括增值税进项税额）以及本期支付前期购买商品、接受劳务的未付款项和本期预付款项，减去本期发生的购货退回收到的现金。

- “支付给职工以及为职工支付的现金”项目，反映企业本期实际支付给职工的工资、奖金、各种津贴和补贴等职工薪酬，但是应由在建工程、无形资产负担的职工薪酬以及支付的离退休人员的职工薪酬除外。

- “支付的各项税费”项目，反映企业本期发生并支付的、本期支付以前各期发生的以及预缴的教育费附加、矿产资源补偿费、印花税、房产税、土地增值税、车船税、预缴的营业税等税费，计入固定资产价值、实际支付的耕地占用税、本期退回的增值税、所得税等除外。

- “支付的其他与经营活动有关的现金”项目，反映企业支付的罚款支出、支付的差旅费、业务招待费、保险费、经营租赁支付的现金等其他与经营活动有关的现金流出，金额较大的应当单独列示。

②投资活动产生的现金流量。

- “收回投资收到的现金”项目，反映企业出售、转让或到期收回除现金等价物以外的交易性金融资产、长期股权投资而收到的现金以及收回长期债权投资本金而收到的现金，但长期债权投资收回的利息除外。

- “取得投资收益收到的现金”项目，反映企业因股权性投资而分得的现金股利，从子公司、联营企业或合营企业分回利润而收到的现金以及因债权性投资而取得的现金利息收入，但股票股利除外。

- “处置固定资产、无形资产和其他长期资产收回的现金净额”项目，反映企业出售、报废固定资产、无形资产和其他长期资产所取得的现金（包括因资产毁损而收到的保险赔偿收入），减去为处置这些资产而支付的有关费用后的净额，但现金净额为负数的除外。

- “处置子公司及其他营业单位收到的现金净额”项目，反映企业处置子公司及其他营业单位所取得的现金减去相关处置费用后的净额。

• “购建固定资产、无形资产和其他长期资产支付的现金”项目，反映企业购买、建造固定资产、取得无形资产和其他长期资产所支付的现金及增值税款、支付的应由在建工程和无形资产负担的职工薪酬现金支出，但为购建固定资产而发生的借款利息资本化部分、融资租入固定资产所支付的租赁费除外。

• “投资支付的现金”项目，反映企业取得的除现金等价物以外的权益性投资和债权性投资所支付的现金以及支付的佣金、手续费等附加费用。

• “取得子公司及其他营业单位支付的现金净额”项目，反映企业购买子公司及其他营业单位购买出价中以现金支付的部分，减去子公司或其他营业单位持有的现金和现金等价物后的净额。

• “收到其他与投资活动有关的现金”、“支付其他与投资活动有关的现金”项目，反映企业除上述各项目外收到或支付的其他与投资活动有关的现金流入或流出，金额较大的应当单独列示。

③筹资活动产生的现金流量。

• “吸收投资收到的现金”项目，反映企业以发行股票、债券等方式筹集资金实际收到的款项，减去直接支付给金融企业的佣金、手续费、宣传费、咨询费、印刷费等发行费用后的净额。

• “取得借款收到的现金”项目，反映企业举借各种短期、长期借款而收到的现金。

• “偿还债务支付的现金”项目，反映企业以现金偿还债务的本金。

• “分配股利、利润或偿付利息支付的现金”项目，反映企业实际支付的现金股利、支付给其他投资单位的利润或用现金支付的借款利息、债券利息。

• “收到其他与筹资活动有关的现金”、“支付其他与筹资活动有关的现金”项目，反映企业除上述项目外，收到或支付的其他与筹资活动有关的现金流入或流出，包括以发行股票、债券等方式筹集资金而由企业直接支付的审计和咨询等费用，为购建固定资产而发生的借款利息资本化部分、融资租入固定资产所支付的租赁费、以分期付款方式购建固定资产以后各期支付的现金等。

④“汇率变动对现金及现金等价物的影响”项目，反映下列项目的差额。

• 企业外币现金流量及境外子公司的现金流量折算为记账本位币时，所采用的现金流量发生日的即期汇率或按照系统合理的方法确定的与现金流量发生日即期汇率近似的汇率折算的金额。

• “现金及现金等价物净增加额”中外币现金净增加额按期末汇率折算的金额。

⑤“将净利润调节为经营活动的现金流量”各项目。

• “资产减值准备”项目，反映企业本期计提的坏账准备、存货跌价准备、短期投资跌价准备、长期股权投资减值准备、持有至到期投资减值准备、投资性房地产减值准备、固定资产减值准备、在建工程减值准备、无形资产减值准备、商誉减值准备、生产性生物资产减值准备、油气资产减值准备等资产减值准备。

• “固定资产折旧”、“油气资产折耗”、“生产性生物资产折旧”项目，分别反映企业本期计提的固定资产折旧、油气资产折耗、生产性生物资产折旧。

• “无形资产摊销”、“长期待摊费用摊销”项目，分别反映企业本期计提的无形资产摊销、长期待摊费用摊销。

• “处置固定资产、无形资产和其他长期资产的损失”项目，反映企业本期处置固定资产、无形资产和其他长期资产发生的损益。

• “公允价值变动损失”项目，反映企业持有的金融资产、金融负债以及采用公允价值计量模式的投资性房地产的公允价值变动损益。

• “财务费用”项目，反映企业利润表“财务费用”项目的金额。

• “投资损失”项目，反映企业利润表“投资收益”项目的金额。

• “递延所得税资产减少”项目，反映企业资产负债表“递延所得税资产”项目的期初余额与期末余额的差额。

• “递延所得税负债增加”项目，反映企业资产负债表“递延所得税负债”项目的期初余额与期末余额的差额。

• “存货的减少”项目，反映企业资产负债表“存货”项目的期初余额与期末余额的差额。

• “经营性应收项目的减少”项目，反映企业本期经营性应收项目（包括应收票据、应收账款、预付账款、长期应收款和其他应收款中与经营活动有关的部分及应收的增值税销项税额等）的期初余额与期末余额的差额。

- “经营性应付项目的增加”项目，反映企业本期经营性应付项目（包括应付票据、应付账款、预收账款、应付职工薪酬、应交税费、应付利息、应付股利、长期应付款、其他应付款中与经营活动有关的部分及应付的增值税进项税额等）的期初余额与期末余额的差额。

⑥“不涉及现金收支的投资和筹资活动”，反映企业一定期间内影响资产或负债但不形成该期现金收支的所有投资和筹资活动的信息。

- “债务转为资本”项目，反映企业本期转为资本的债务金额。

- “一年内到期的可转换公司债券”项目，反映企业一年内到期的可转换公司债券的本息。

- “融资租入固定资产”项目，反映企业本期融资租入固定资产的最低租赁付款额扣除应分期计入利息费用的未确认融资费用的净额。

⑦“现金及现金等价物净增加额”与现金流量表中的“现金及现金等价物净增加额”项目的金额应当相等。

实例二十四：报送报表不出错

小孙被分派到一家新公司，该公司正处于筹建期间，税务登记尚未办理，税务工作还未开展，使小孙不知该从何入门？

难点解析

(1) 期末主要向税务部门填列和申报报表。

①向国税局申报的报表：

- 增值税纳税申报表（一般纳税人）主表及附表。
- 储蓄存款利息所得扣缴个人所得税报告表。
- 消费税纳税申报表。
- 企业所得税季度纳税申报表。
- 成品油表及填表说明。
- 损益表。
- 资产负债表。

②向地税局申报的报表：

- 营业税纳税申报表。
- 城市维护建设税纳税申报表。
- 资源税纳税申报表。
- 城镇土地使用税纳税申报表。
- 房产税纳税申报表。
- 车船税纳税申报表。
- 印花税纳税申报表。
- 企业所得税纳税申报表。

- 个人所得税纳税申报表。
- 土地增值税纳税申报表。
- 代扣代缴、代收代缴税款报告表。
- 教育费附加纳税申报表。
- 延期申报申请审批表。

（2）筹建期间是指股东之间签订投资协议（书面的或口头的）之日起，至实际生产、经营之日（包括试生产、试营业）止。试生产、试营业之日与营业执照注明的开始生产经营之间无关。根据《税收征收管理法》的有关规定，企业应于领取营业执照之日起 30 日内向税务机关申请办理税务登记。筹建期间无须出具财务报表，但领取税务登记证后，仍未进入生产经营期的，应当编制财务报表，并报送主管税务机关备案。

知识链接

1. 财务会计报告的报送时间

会计相关法规规定，各单位应当按照国家规定的期限对外报送财务报告。

（1）月度财务会计报告应于月份终了后 6 日内对外提供，在此期间如遇节假日则顺延（下同）。

（2）季度财务会计报告应于季度终了后 15 日内对外提供。

（3）半年度财务会计报告应于半年度终了后 2 个月内对外提供。

（4）年度财务会计报告应于年度终了后 4 个月内对外提供。

2. 财务会计报告的报送要求

《会计法》和《会计基础工作规范》对财务会计报告的报送作了如下要求：

（1）编制依据应当一致。向不同的会计资料使用者提供的财务会计报告，其编制依据应当一致。按照国家统一会计制度的规定，财务会计报告应当报送国家财政部门、税务部门等有关部门或投资人。会计法要求向不同的会计资料使用者提供的财务会计报告的编制依据应当一致，实际上是对单位财务会计报告应当真实反映其生产经营成果和财务状况的要求，防止单位对不同的会计资料使用者采取不同的计算口径、计算方法、计算依据编制、提供内容不同的财务会计报告，以达到偷税、隐瞒收支或其他违法、违纪等目的。

（2）报送的财务会计报告必须经过审计。有关法律、行政法规规定财务报表、财务报表附注和财务情况说明书须经注册会计师审计的，注册会计师及其所在的会计师事务所出具的审计报告应当随同财务会计报告一并提供。由注册会计师对财务报表、财务报表附注和财务情况说明书进行审计，是中介机构对单位财务会计报告的评价和审核，其出具的审计报告有助于财务会计报告的使用者了解、掌握单位真实的生产经营情况和财务状况。因此，如果法律、行政法规规定财务报表、财务报表附注和财务情况说明书须经注册会计师审计的，有关单位应当先送会计师事务所审计，然后再将审计报告连同财务会计报告一并提供给财务会计报告的使用者。

（3）财务会计报告的报送格式。对外报送的财务报告，应当依次编定页码，加具封面，装订成册，加盖公章。封面上应当注明：单位名称，单位地址，财务报告所属年度、季度、月度，送出日期，并由单位领导人、总会计师、会计机构负责人、会计主管人员签名或者盖章。

单位负责人是单位对外提供的财务会计报告的责任主体。要求单位负责人在财务会计报告上签字，是督促其认真对财务会计报告内容负责的一种措施。

（4）报送财务会计报告发生错误的更正。《会计基础工作规范》第七十二条规定：如果发现对外报送的财务报告有错误，应当及时办理更正手续。除更正本单位留存的财务报告外，并应同时通知接受财务报告的单位更正。错误较多的，应当重新编报。

3. 财务会计报告的报送对象

会计法规对财务会计报告报送对象都作了或多或少的规定，其中《企业财务会计报告条例》的规定最为详尽。

（1）企业应当依照企业章程的规定，向投资者提供财务会计报告。

（2）国务院派出监事会的国有重点大型企业、国有重点金融机构和省、自治区、直辖市人民政府派出监事会的国有企业，应当依法定期向监事会提供财务会计报告。

（3）有关部门或者机构依照法律、行政法规或者国务院的规定，要求企业提供部分或者全部财务会计报告及其有关数据的，应当向企业出示依据，并不得要求企业改变财务会计报告有关数据的计算口径。

（4）非依照法律、行政法规或者国务院的规定，任何组织或者个人不得要求企业提供部分或者全部财务会计报告及其有关数据。

（5）违反本条例规定，要求企业提供部分或者全部财务会计报告及其有关数据的，企业有权拒绝。

（6）国有企业、国有控股的或者占主导地位的企业，应当至少每年一次向本企业的职工代表大会公布财务会计报告，并重点说明下列事项：

①反映与职工利益密切相关的信息，包括：管理费用的构成情况，企业管理人员工资、福利和职工工资、福利费用的发放、使用和结余情况，公益金的提取及使用情况，利润分配的情况以及其他与职工利益相关的信息。

②内部审计发现的问题及纠正情况。

③注册会计师审计的情况。

④国家审计机关发现的问题及纠正情况。

⑤重大的投资、融资和资产处置决策及其原因的说明。

⑥需要说明的其他重要事项。

（7）企业依照本条例规定向有关各方提供的财务会计报告，其编制基础、编制依据、编制原则和方法应当一致，不得提供编制基础、编制依据、编制原则和方法不同的财务会计报告。

（8）财务会计报告须经注册会计师审计的，企业应当将注册会计师及其会计师事务所出具的审计报告随同财务会计报告一并对外提供。

（9）接受企业财务会计报告的组织或者个人，在企业财务会计报告未正式对外披露前，应当对其内容保密。